KB165144

콘텐츠 시대의 작가가 된다면

콘텐츠 시대의 작가가 된다면

13
지식+진로

박용진 지음

소설부터 웹툰까지 마음을 사로잡는 창작의 세계

다른

공부할 분야

문화·예술

인문학

사회과학

광고홍보학

문헌정보학

탐색할 진로

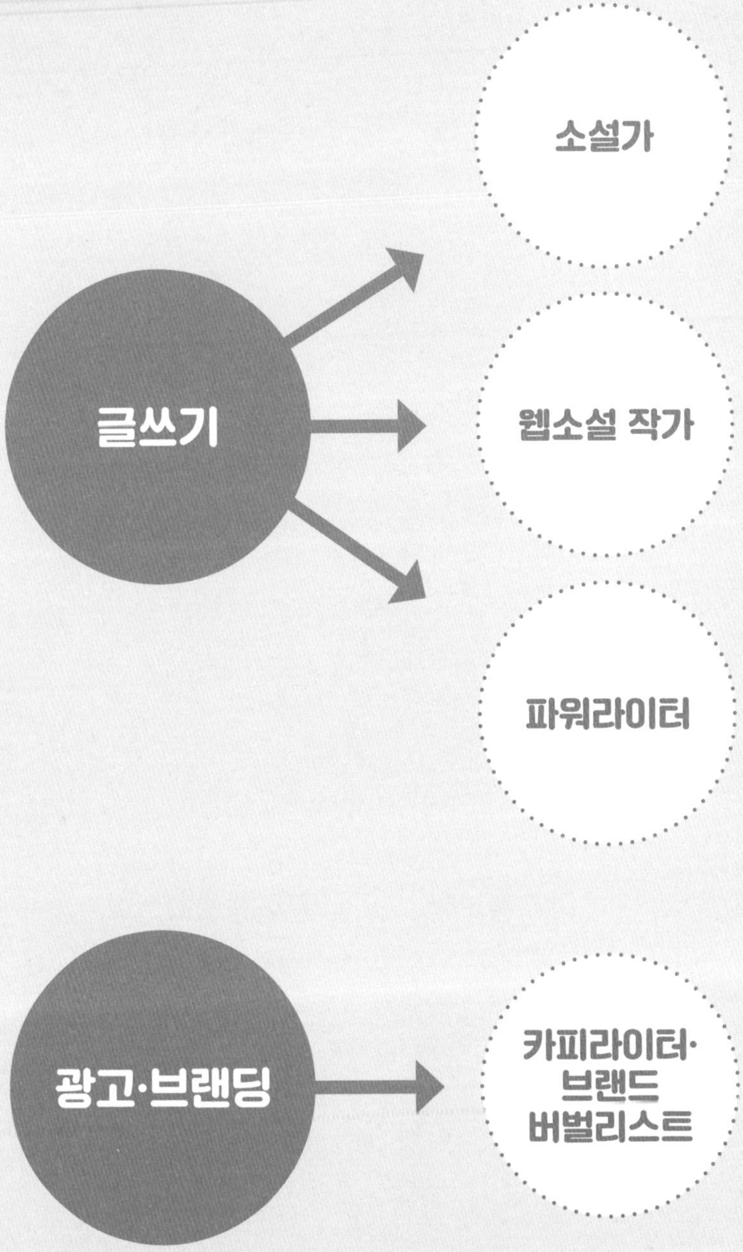

글쓰기

소설가

웹소설 작가

파워라이터

광고·브랜딩

카피라이터·
브랜드
버벌리스트

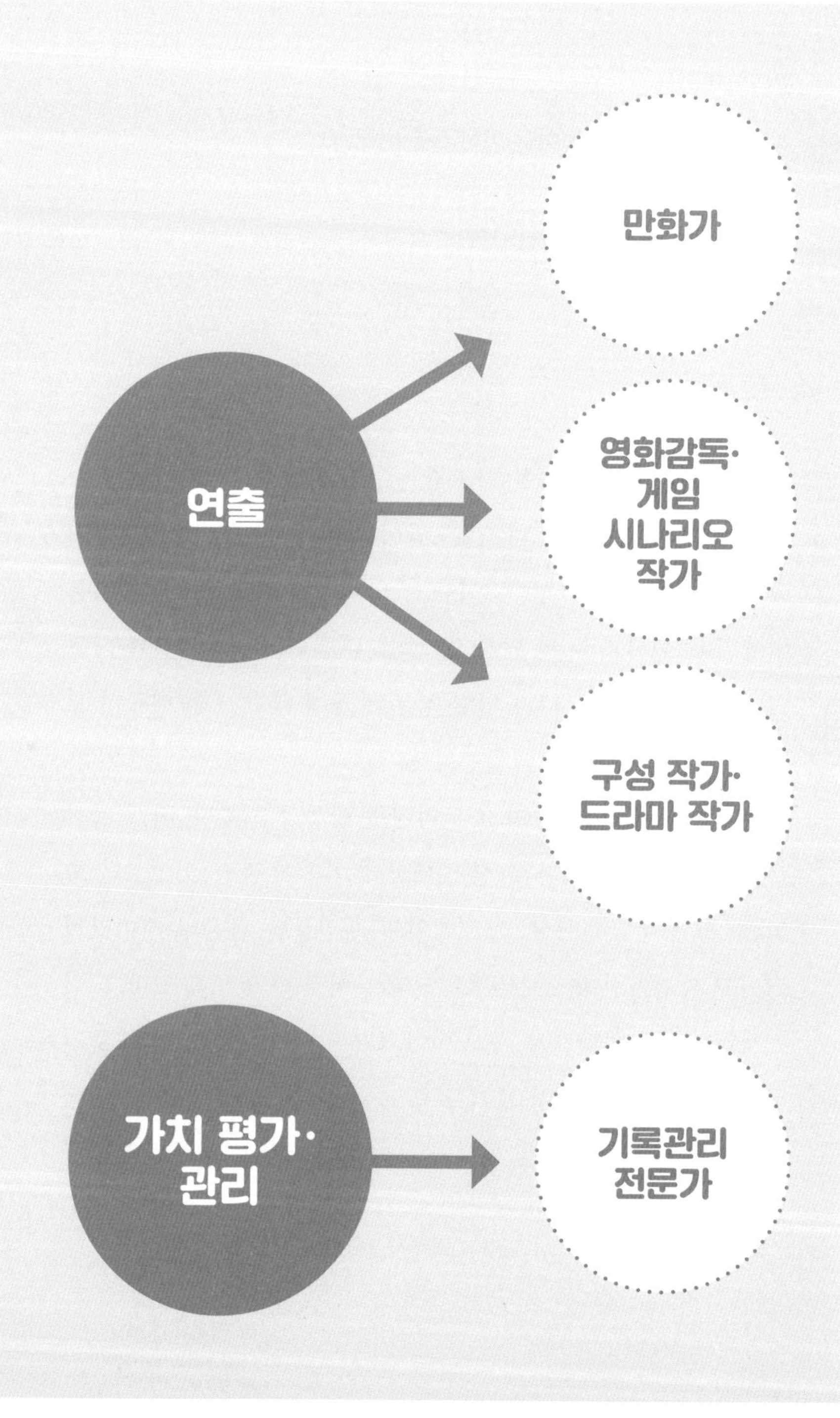
만화가
연출
영화감독·
게임
시나리오
작가
구성 작가·
드라마 작가
가치 평가·
관리
기록관리
전문가

들어가며

| 마음과 생각을 움직이는 이야기를 위해

요즘 여기저기서 '독자를 사로잡는 스토리텔링', '스토리텔링 수학', '스토리텔링이 대세다' 같은 말이 많이 들린다. 스토리텔링이 그만큼 강조되고 있다는 뜻이다. 간단히 말하자면 스토리텔링은 이야기다. 이야기story와 말하기telling를 더했으니 이야기를 한다는 의미이기도 하다. 우리가 어릴 적부터 들어 왔던 또는 해왔던 모든 이야기가 바로 스토리텔링이다.

학생들과 10여 년 동안 스토리텔링 활동을 해왔다. 사실 창작은 늘 괴로운 활동이다. 그렇기 때문에 어떻게 하면 그 고통을 줄일 수 있을지 고민했고, 보드게임과 게임북을 활용해 재미있게 그리고 자연스럽게 스토리텔링이 이루어질 수 있도록 했다. 그런 스토리텔링을 바탕으로 다시 이야기가 담긴 광고를 만들어 보거나 심층 보도를 만들어 보기도 했고, 시를 읽고 시 속에 숨은 이야기를 상상해서 소설을 써보거나 기존의 소설을 재해석해서 극으로 만들어 보기도 했다.

그러면서 다양한 인물과 이야기가 만들어졌다. 어떤 학생은 판타지 속 난쟁이인 드워프를 주인공으로 하는 이야기를 만들었다. 인간의 기준으로는 너무 잘생겨서, 그러나 드워프의 기준으로는 너무 못생겨서 드워프 사회에서 추방당한 인물이 힘을 기르고 마침내 드워프 사회에 혁명을 일으키는 이야기였다. 또 다른 학생은 전혀 다른 이야기를 만들었다. 귀족이었지만 모든 것을 잃고 복수심에 불타 세상을 멸망시키기 위한 여정을 떠나는, 어찌 보면 악당이 주인공인 모험가의 이야기였다. 이 밖에도 다양한 이야기가 탄생했다. 살인 사건을 조사하는 수사관 중에 범인이 있고 그를 찾기 위해, 또 그로부터 목격자를 지키기 위해 벌이는 고도의 심리전,게다가 알고 보니 범인이 주인공의 연인인 이야기 시인이 차마 말하기도 부끄러운 여러 흑역사를 겪고 결국 혼자가 되는 이야기 등등. 학생들은 때로는 웃긴, 때로는 진지한 이야기들을 끝없이 만들어냈다. 그 과정을 거친 학생 중에는 지금은 웹소설 작가로 데뷔한 친구도 있고, 방송국 PD의 길을 가기 위해 준비하는 친구도 있다. 광고계에 몸담겠다는 친구도 있고, 배우가 된 친구, 영화감독을 꿈꾸는 친구도 있다.

스토리텔링이 힘인 시대가 되었다. 소설이나 만화, 영화같이 이야기가 중심이 되는 장르뿐만 아니라 뮤직비디오, 광고, 브랜드명 같은 데서도 스토리텔링이 활용되고 있다. 만약 입사를 위해 쓴 자기소개서에 스토리텔링이 있다면 어떨까? 분명 다른 사람들에 비해 주목받게 될 것이다. 스토리텔링은 '재미'가 있기 때문이다.

학생들에게 그런 스토리텔링 능력을 키워 주려 노력했고, 그 과정에서 많이 공부했고 또 배웠다. 그러면서 스토리텔링은 단순한 재능의 영역이 아니라는 것을 알았다. 물론 재능이 있다면 더 좋겠지만 그것만으로는 지금, 여기를 살아가는 사람들을 만족시킬 수 없다. TV에 나오는 코미디언들은 한 편의 콩트를 만들기 위해 수없이 아이디어를 짜내고 의논하고 합을 맞춘다. 소설가는 한 편의 소설을 쓰기 위해 수많은 자료를 수집하고 읽고, 그것을 바탕으로 다시 몇 날 며칠이든 앉아서 이야기를 만들어 간다. 영화감독 역시 소설가와 비슷한 과정을 거쳐 이야기를 구상하고 치밀하게 장면을 배치해 콘티를 만든다. 이후 그에 맞춰 수없이 촬영을 반복하고 편집해 한 편의 영화를 만들어 낸다. 한 편의 이야기를 만들기 위해서는 반드시 노력이 따라야 한다.

이 책에는 쉽고 재미있게 스토리텔링을 시작하는 방법과 스토리텔링 관련 직업에 대해 담았다. 좋은 이야기를 만들기 위해 꼭 필요한 요소들과 창작 과정에 대한 직접적인 예시도 다루었다. 천천히 하나씩 따라 나가다 보면 스토리텔링의 즐거움을 느낄 수 있을 것이다. 그리고 관련 직업들을 알아보고 진로를 고민하는 시간도 가져 보면 좋을 것이다. 이 책을 통해 이 시대가 필요로 하는 스토리텔러가 될 수 있기를 바란다.

끝으로 이 책은 TRPGTabletop Role Playing Game라는 게임 방법에 많은 빚을 지고 있다. TRPG는 게임 속 인물이 되어 줄거리를 진행해 나가는 '롤플레잉 게임'의 밑바탕이 된 놀이다. 스토리텔링은 결국 사람에 대한 것으로, 스토리텔러가 되려면 다양한 삶을 겪어 보는 것이 중요하다. 그리고 이야기를 만들 때는 혼자 골머리를 앓기보다 여러 사람의 이야기를 들어 보는 것이 꼭 필요하다. 본문에서도 다루겠지만 TRPG는 일종의 연극처럼 여러 사람이 함께 이야기를 만들어 가는 것으로 다양한 삶을 어렵지 않게 경험해 볼 수 있는 방법이다.만화가 이말년이 자신의 유튜브 채널에서 주호민, 김풍 등과 함께 TRPG를 하기도 했다. 스토리텔링을 시작하려는 사람이라면 TRPG를 꼭 해보기를 권한다.

차례

공부할 분야 4
탐색할 진로 6
들어가며 마음과 생각을 움직이는 이야기를 위해 8

1장 스토리텔링은 힘이 세다

스토리텔링은 왜 중요할까 19
설득과 공감을 이끄는 스토리텔링의 힘 | 스토리텔링은 어디에서 활용될까

이야기의 방향과 배경 그리기 24
손쉽게 이야기 시작하는 법 | 시간적·공간적 배경 만들기

이야기의 중심, 인물 만들기 30
게임 캐릭터처럼 레벨 업 | 가치관, 어디로 가야 할지 알려 줘!| 더욱 매력적인 캐릭터 만들기 | 너의 과거는 | 욕망, 이야기를 이끌어 가는 힘 | 이야기에서도 중요한 인간관계

진로 찾기 소설가 50
진로 찾기 웹소설 작가 53

2장 스토리텔링에 필요한 재료들

약방의 감초, 물건 배치하기 57

사건의 중심이 되는 물건 | 작은 사건을 일으키는 물건 | 물건을 나열해 보자

이야기의 기승전결, 시놉시스 쓰기 67

시놉시스가 꼭 필요할까 | 시놉시스 파헤치기

진로 찾기 만화가 77

진로 찾기 기록관리전문가 80

진로 찾기 파워라이터 82

3장 기억에 남는 스토리텔링을 하려면

이야기를 이끄는 사건 만들기 87

시놉시스를 먼저 쓰고 인물 움직이기 | 인물을 움직인 다음 시놉시스 쓰기 | 장편의 다양한 이야기 구성 방식 | 큰 사건에 집중하는 단편 | 사건의 다섯 가지 방향 | 인물의 비중 정하기

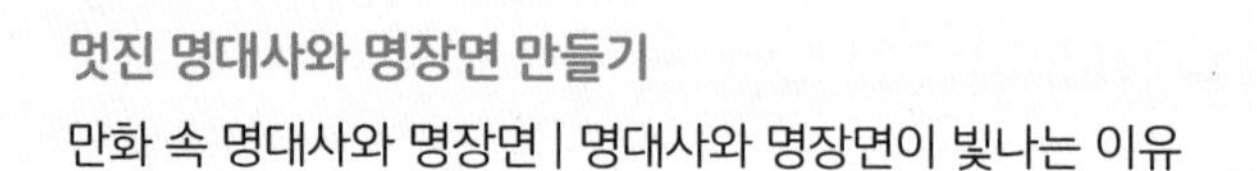

멋진 명대사와 명장면 만들기 105

만화 속 명대사와 명장면 | 명대사와 명장면이 빛나는 이유

진로 찾기 영화감독·게임 시나리오 작가 113

진로 찾기 카피라이터·브랜드 버벌리스트 116

4장 도전! 스토리텔링 실습

스토리텔링의 마지막 단계 121

이야기를 풍성하게 해주는 사건 은행 | 이야기 속 인물에게는 선택지가 있다 | 좋은 스토리텔링을 위한 주의 사항

탄탄한 이야기를 위한 결말 139

복선을 깔기 위해서는 결말이 필요해 | 결말에도 종류가 있다 | 장면, 어떻게 보여 줄까

초보자도 할 수 있는 드라마 쓰기 152

드라마 스토리텔링, 방향과 배경 설정부터 | 상황에 어울릴 만한 인물 만들기 | 본격적인 이야기의 시작 | 이야기가 끝난 뒤 | 회차를 나눌 때의 팁

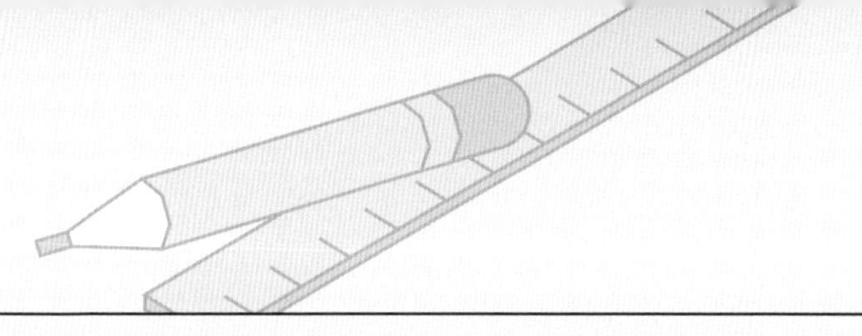

진로 찾기 구성 작가 197

진로 찾기 드라마 작가 200

롤 모델 찾기 영화감독 봉준호 202

만화가 윤태호 206

직접 해보는 진로 찾기 210

참고 자료 212

교과 연계 214

1장

스토리텔링은 힘이 세다

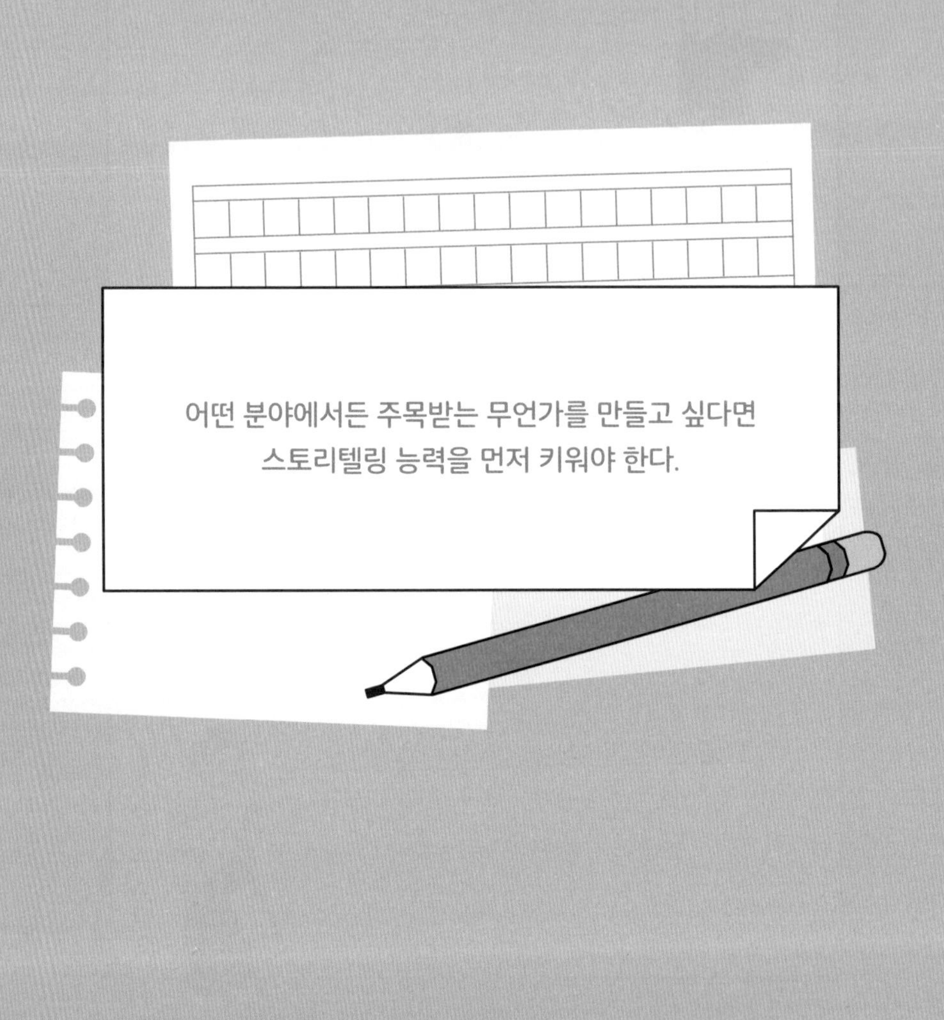
어떤 분야에서든 주목받는 무언가를 만들고 싶다면
스토리텔링 능력을 먼저 키워야 한다.

스토리텔링은 왜 중요할까

이야기는 힘이 세다. 오래전의 신화에서부터 지금의 드라마나 영화에 이르기까지 지구상의 수많은 이야기가 그 증거다. 인간은 이야기를 만들며 살아왔고 앞으로도 그럴 것이다. 그리고 같은 내용이라도 그 안에 이야기가 담겨 있다면 더 귀 기울여 듣게 된다. 왜 그럴까?

역사 수업 시간을 떠올려 보자. 같은 인물을 설명한다고 했을 때 A 선생님은 교과서에 나와 있는 내용으로만 말하고, B 선생님은 그에 얽힌 인물관계나 정치세력, 비화까지 함께 들려준다면 어느 수업을 더 열심히 듣게 될까? 당연히 B 선생님 쪽일 것이다. 스토리텔링의 근본은 바로 재미다. 우리는 이야기의 흐름을 따라가면서 그 안에 담긴 굴곡을 느끼고, 또 그다음은 어떻게 될까 생각하며 흥미를 느낀다.

평소 입담이 좋다고 알려진 친구가 어떻게 말하는지 잘 살펴보자. 그 친구의 화법 속에는 스토리텔링의 방식이 자연스럽게 녹아들어 있다. 그런 친구가 주변에 없다면 TV 프로그램 <꼬리에 꼬리를 무는 그날 이야기>를 보는 걸 추천한다. 한 회차를 정해서 그 회차에서 이야기할 주제에 대해 미리 조사한 뒤 보면 더 좋다. 이미 알고 있던 내용이라도 상대가 그것을 어떻게 풀어 나가느냐에 따라 훨씬 재미있어진다는 사실을 알게 될 것이다.

다시 말해, 스토리텔링은 재미를 통해서 어떤 사실을 잘 이해하도록 돕는다. 그뿐만이 아니다. 이야기에 공감하고 몰입하도록 이끌어 듣는 이에게 깊은 인상을 남기기도 한다. 그렇다면 스토리텔링의 무엇이 이런 힘을 만들어 내는 걸까? 이 책에서 살펴볼 내용이 바로 이 질문에 대한 답이다.

설득과 공감을 이끄는 스토리텔링의 힘

TV에서 <대학토론배틀>2010~2017이라는 프로그램을 본 적이 있다. 말 그대로 대학별로 토론 팀이 나와서 미션을 수행하거나 토론하는 프로그램이었다. 당시 주어진 미션은 '술을 마시지 않는 사람에게 테킬라를 팔아라'였고, 많은 팀이 테킬라의 효능이나 화학 성분에 대해 설명하며 상대를 설득하려 했다. 그런데 상대는 의학박사였다. 그가 "술은 세계보건기구에서 정한 1급 발암물

질이에요"라고 한마디를 던지자 효능이고 뭐고 다 소용없어져 버렸다.

그런 와중에 눈길을 끄는 팀이 있었다. 그 팀은 테킬라에 대한 설명은 하지 않았다. 대신 <노킹 온 헤븐스 도어>1997라는 영화 이야기를 풀어놓았다. 시한부 인생을 사는 두 청년이 우연히 발견한 테킬라 한 병을 마시다가 바다를 보러 가기 위해 병원을 벗어나면서 시작되는 영화다. 테킬라는 이 영화의 시작과 끝을 담당하는 중요한 사물이다. 토론 팀은 술을 마시지 않더라도 영화와 어울리는 테킬라를 옆에 두고 분위기를 소비하라고 권했다. 의학박사는 자신은 술을 마시지도 않고 심지어 싫어하지만, 그럼에도 테킬라 한 병을 옆에 두고 영화를 본다면 참 좋을 것 같다고 말했다.

이 사례는 스토리텔링의 힘을 잘 보여 준다. 정보를 전달할 때뿐만 아니라 상대를 설득할 때도 스토리텔링은 힘을 발휘하는 것이다. 우리가 뭔가에 대해 말해야 할 때 스토리텔링을 얹을 수 있다면 훨씬 좋지 않을까?

스토리텔링은 어디에서 활용될까

스토리텔링 자체가 그 존재의 이유인 대표적인 분야가 있다. 소설, 드라마, 영화, 만화 등이다. 스토리텔링은 이런 분야에서 본격적인 이야기의 밑바탕이 된다. 시나리오에는 트리트먼트라는 것이 있다. 시나리오를 쓰기 전에 구조, 구체적인 줄거리, 주요 대사 같은 내용을 잡아 두는 문서다. 이 책 뒤에서 다룰 시놉시스에 살을 더 붙인 형태라고 보면 된다. 시놉시스나 트리트먼트 같은 것도 스토리텔링이라 볼 수 있다.

요즘은 이 스토리텔링이 다양한 분야에서 활용된다. 먼저 광고를 보자. 최근에는 과거와 달리 긴 광고가 많이 보인다. 특히 유튜브로 콘텐츠를 시청할 때 더 자주 볼 수 있다. 긴 광고는 대부분 스토리텔링을 담고 있는데, 마치 광고 자체가 하나의 콘텐츠 같은 느낌이 들 정도다. 그 때문인지 광고를 찾아서 보는 경우도 생기곤 한다.

PPL에 대해서는 한 번쯤 들어 봤을 것이다. 드라마 같은 작품 속에 제품을 등장시켜 광고하는 마케팅 전략이다. 예를 들면 주인공이 음료 마시는 장면을 굳이 넣고, 그걸 또 굳이 클로즈업 하는 식이다. 이 경우는 스토리텔링 위에 숟가락을 얹는 광고라고 할 수 있다.

앞서 이야기했던 <꼬리에 꼬리를 무는 그날 이야기>는 아예 본격적으로 '썰을 푸는' 프로그램이다. 이미 잘 알려졌지만 누군가는 몰랐을 사건에 대해 이야기해 준다. 똑같은 사실이라도 뉴스에서 봤던 내용보다 훨씬 재미있다. 학습 만화도 빼놓을 수 없다. 《마법 천자문》이나 《Why》 시리즈 같은 책이 대표적이다. 만화 속에 한자나 역사, 과학 지식같이 교육과정에서 배우게 되는 내용을 담아 둔 경우다.

광고와 TV 프로그램, 학습 만화에 재미를 더하는 요소는 무엇일까? 답은 분명하다. 스토리텔링이다. 우리 주변 거의 모든 것에서 스토리텔링을 발견할 수 있다. 누군가 스토리텔링의 힘에 주목했고, 그것을 시도했고, 좋은 반응을 얻었기에 너도나도 스토리텔링을 활용하기 시작했다. 소설이나 영화를 뛰어넘을 정도로 엄청난 스토리텔링을 보여 주는 게임이 나오기도 한다. 스토리텔링의 시대가 된 것이다.

따라서 작가가 되고 싶다면, 아니, 어떤 분야에서든 주목받는 무언가를 만들고 싶다면 스토리텔링 능력을 먼저 키워야 한다. 이제부터 아주 쉽게 스토리텔링을 시작하는 방법에 대해 이야기해 보자.

이야기의 방향과 배경 그리기

탑을 쌓더라도 밑바탕이 제대로 깔려 있어야 그 위에 다른 것들을 올려놓을 수 있다. 스토리텔링을 하려면 먼저 무엇에 대해 이야기할지, 어떤 분위기의 이야기를 할 것인지 정해야 한다. 특히 같은 내용을 다루더라도 분위기에 따라서 진지한 이야기가 되느냐, 가벼운 이야기가 되느냐가 갈리니 잘 생각해 보아야 한다.

평소 생각해 두었던 이야깃거리가 있다면 바로 이야기를 시작해 보자. 만약 떠오르는 이야기가 없어도 걱정 말자. 게임을 통해 손쉽게 이야기의 방향과 배경을 잡는 방법이 있다.

손쉽게 이야기 시작하는 법

맷 윌슨의 《안빙극징 대모험》이라는 책이 있다. 《안방극장 대모

1. 증권가	2. 불법	3. 정의	4. 중세	5. 병원
6. 외계인	7. 예술	8. 타임 슬립	9. 종교	10. 범죄
11. 사이버펑크	12. 증기기관	13. 전쟁	14. 미스터리	15. 초능력
16. 대도시	17. 음악	18. 춤	19. 산속	20. 바다
21. 교외	22. 복수	23. 가족	24. 친구	25. 억압
26. 사랑	27. 학교	28. 폭력	29. 좀비	30. 정치
31. 차별	32. 고대	33. 감옥	34. 시골 마을	35. 경주
36. 승부	37. 부적응	38. 악마	39. 자아	40. 스포츠
41. 비행기	42. 공장	43. 판타지	44. 디스토피아	45. 영웅
46. 스파이	47. 질병	48. 여행	49. 휴양지	50. 일탈

TRPG를 이용해 만든 다양한 소재

험》은 4~5명이 모여서 각자 PD와 배우 역할을 맡아 한 편의 드라마를 만드는 TRPG 규칙서다. 위 표는 이 책을 참고해서, 그동안 보았던 영화나 드라마의 요소들을 떠올리며 만든 것이다. 표에 없는 소재, 예를 들어 '부끄러움', '비밀', '환생' 같은 단어를 집어넣어서 수정하거나 직접 표를 만들어도 좋다. 이 표를

TRPG를 하는 방법

TRPG는 2~6명이 모여서 각자 어떤 인물을 만들고 그 역할을 맡아 던전을 탐험하거나 악당을 물리치기도 하고 미스터리를 파헤치기도 하는 등 역할 놀이를 통해 이야기를 만들어가는 게임이다. 종이와 펜, 주사위, 상상력만 있으면 어떤 이야기든 만들 수 있는 매력적인 놀이로, 스토리텔링을 하려 한다면 꼭 한번 해보는 것을 추천한다.

어떻게 활용할 수 있을까?

① 1~50까지의 숫자 중 무작위로 숫자 8~10개를 고른다.

② 고른 숫자의 번호에 해당하는 단어를 적어 본다.

③ ②의 단어 중에서 이야기를 만들 만한 단어를 5~6개 추린다.

④ 단어를 조합해 이야기의 방향과 분위기를 잡는다.

설명만으로는 부족할 수 있으니 예시를 통해 이해해 보자.

1부터 50까지의 숫자 중 무삭위로 '2, 5, 9, 11, 14, 24, 32, 38, 47'을 골랐다. 그에 해당하는 단어는 불법, 병원, 종교, 사이버펑크, 미스터리, 친구, 고대, 악마, 질병이다. 여기서 다시 이야기해 볼 만하다 싶은 것으로 종교, 사이버펑크, 미스터리, 고대, 악마를 남긴다. 이제 이 단어를 조합해서 이야기의 방향을 잡고, 그 방향을 바탕으로 작품의 분위기를 잡아 볼 수 있다.

사이버펑크 → 가까운 미래, 과학기술의 발달로 인류는 신체를 개조하고 무한한 정보망을 가지게 되었다.

종교(기계 숭배) → 이 사회는 기계를 숭배하는 종교가 지배하고 있다.

미스터리 → 그러던 중 과학으로 설명할 수 없는 초자연적이고 미스터리한 사건들이 일어난다.

악마 → 악마를 숭배하는 자들이 일으킨 사건이다. 이들의 목적은
세상을 과학 문명 이전으로 돌리는 것이다.
고대 → 이를 파헤쳐 나가다 고대에 작성된 문서가 발견되는데,
그 안에 어떤 내용이 적혀 있다.
분위기 → 어둡고 무거운 진행이지만 액션은 신나는 느낌

몇 가지 소재를 골라서 조합하기만 해도 이렇게 충분히 재미있어 보이는 내용이 나올 수 있다. 방향성을 잡는 단계이기 때문에 여기서 모든 것을 설정하지 않아도 된다. 이야기를 만들어 가다 보면 새로운 내용이 추가되거나 기존의 설정이 삭제, 변경되기도 할 것이다.

이와 반대로 작품의 분위기를 먼저 정한 뒤에 단어를 고를 수도 있다. 예를 들면 '약간은 가벼우면서 감동을 주는 분위기'로 이야기를 만들겠다고 미리 정하고, 그다음에 단어를 고르는 방식이다.

시간적·공간적 배경 만들기

이 과정에서 자연스럽게 만들어지는 것이 하나 있다. 바로 시간적·공간적 배경이다. 배경은 이야기의 무대가 되는 곳이다. 《반지의 제왕》을 지은 J.R.R. 톨킨은 그 이야기를 위해 '중간계'라는 세계를 엄청나게 세밀하게 설정했던 것으로 유명하다. 톨킨은 그

세계의 역사, 도시, 종족 등을 하나하나 구체적으로 설정했고 그렇게 하나의 세상을 창조했다.

우리는 그렇게까지 세세하게 만들지는 않을 것이다. 물론 구체적인 배경을 만드는 일은 꽤 재미있고, 그런 배경이 설정되어 있다면 이야기를 진행시킬 때 큰 도움이 되기는 한다. 그러나 그렇게까지 하지 않아도 충분히 이야기를 만들 수 있다.

일단은 '가까운 미래시간적 배경', '기계를 숭배하는 종교가 지배하는 사회공간적 배경'같이 앞의 예시 정도로만 간단히 잡아 두자. 그다음에는 구체적인 배경이 될 장소를 몇 군데 정하고 '화려하지만 항상 어딘가 우울에 젖어 있는 듯한 도시, 서울'과 같이 정리해 두자. 사회 체계도 간단히 만들어야 한다. 계급사회인지, 시민들의 자유도는 어떤지, 경제적 상황은 어떤지, 치안은 어떤지 등등 일단 떠오르는 대로 적어 두도록 하자. 이 내용들은 이후 인물을 만들고 사건을 진행하면서 참고하게 될 것이다.

이 과정을 따라왔다면 벌써 괜찮은 이야깃거리를 적어도 하나는 건졌을 것이다. 지금은 무엇을 쓸지 구상하는 단계니까 복잡하게 생각할 필요 없이 간단히 해보자. 이후 다른 요소를 설정하다 보면 자연스럽게, 나도 모르게 이야기가 만들어질 테니까 말이다.

그리고 이야기하고자 하는 내용이 정해지면 그것들에 대해 조사하는 것이 좋다. 특히 법이나 의학 같은 전문적인 분야나 역사

같이 사실을 바탕으로 하는 분야, 또 젠더나 종교 같은 민감한 분야를 다루게 된다면 자료 수집은 필수다.

이야기의 중심, 인물 만들기

이야기 속에는 다양한 인물이 등장한다. 이들이 바로 사건을 일으키거나 해결하는 주체다. 매력적인 이야기는 대부분 인물들이 서로 부딪치면서 진행되기 때문이다. 즉, 인물 설정만 잘해 두어도 좋은 스토리텔링의 절반은 성공한 셈이라고 할 수 있다.

요즘은 이야기 속의 인물들도 굉장히 다양해졌다. 예를 들면 과거에는 '그저 지구를 지배하는 것이 목적이기 때문에 무조건 나쁜 짓만 하는' 전형적인 악당이 많았다. 그러나 마블 시네마틱 유니버스에 등장하는 '타노스'를 생각해 보자. 그는 우주 전체에서 생명체 절반을 없애려는 인물이다. 이 점만 보면 타노스는 악당이다. 그러나 그는 '너무나 많은 생명체가 우주의 균형을 파괴하고 있다'는 확고한 신념에 따라 움직인다. 즉, 누군가는 일리 있다고 생각할 수 있는 부분이 있다. 타노스 외에도 어쩔 수 없이 악당이 되어야 했던, 사연 있는 악당이 요즘은 많이 보인다. 모두 과거의 이야기에서는 보기 힘들었던 매력적인 악당이다.

인물은 이야기의 중심으로, 인물을 잘 설정하는 것은 좋은 스토리텔링의 기본이다. 뒤에서 살펴볼 스토리텔링 방법 중에는 미리 설정한 인물을 직접 움직여 보면서 이야기를 만들어 가는 방식이 있다. 그 방식을 직접 따라 해보면 잘 설정된 인물만 있어도 이야기가 생각보다 쉽게 만들어진다는 사실을 경험할 수 있을 것이다.

하나의 스토리텔링을 위해서는 여러 인물을 만들어 보아야 한다. 인물을 만들 때는 실제로 살아 있는 사람을 만든다는 생각으로 접근하자. 내 주변 사람을 떠올려도 좋고, 영화나 드라마의 등장인물을 떠올려 보아도 좋다. 인물 설정은 세세할수록 좋은 스토리텔링의 바탕이 된다.

앞에서 TRPG에 대해 간단히 설명했다. 이 게임을 하려면 반드시 인물을 만들어야 하는데, 인물이 바로 이야기의 꽃이기 때문이다. 인물을 만드는 단계는 꽤 재미있다, 아예 TRPG의 인물 만들기 부분만 따로 떼어 낸 '롤 플레이어'라는 보드게임이 만들어졌을 정도다. 인물 만들기는 다양한 상상력이 필요한 작업이자 앞으로 나오게 될 이야기를 기대하게 되는 부분이기도 하다.

게임 캐릭터처럼 레벨 업

온라인 게임 속 캐릭터들은 능력치를 가지고 있는 경우가 많다. 예를 들면 어떤 캐릭터는 힘이 세고, 또 어떤 캐릭터는 재빠르게 움직일 수 있다.

각각의 능력을 인물에게 수치화해서 붙여 주는 것 역시 TRPG에서 시작되었다. 대다수의 게임도 그 영향을 받아 100이 가장 높다는 기준 아래 힘이 세다면 '힘 97', 행동이 빠르다면 '민첩 92' 같은 식으로 표현하곤 한다.

인물을 만들 때도 이 방식을 적용해 볼 수 있다. 다음 예시처럼 이야기 속의 인물에게 능력치를 부여해 주는 것이다.

이름: 김철수

직업: 회사원(인턴)

업무 능력: 12(주어진 일은 열심히 하지만 가끔 큰 실수를 저지름)

외모: 19(연예인 뺨치게 잘생겼음)

대화 능력: 7(입만 열면 분위기를 망침)

발표력: 16(업무와 관련된 발표는 늘 열심히 준비하기 때문에 대체로 훌륭한 편)

이름: 이영희

직업: 회사원(정직원/인사과)

업무 능력: 19(거의 모든 일을 깔끔하게 처리해 왔음)

외모: 10(평범하고 잘 눈에 띄지 않음)

대화 능력: 19(심리 상담사급의 공감 능력과 말솜씨를 지님)

발표력: 18(멋지게 프레젠테이션을 해내는 실력자)

인물의 능력을 수치화해서 적을 때는, 다음과 같이 각 수치의 정도에 따른 내용을 미리 정리해 두는 것이 좋다.

업무 능력

1: 할 줄 아는 게 없음

··· (중간 수치 생략)

9~12: 주어진 일은 열심히 하지만 가끔 큰 실수를 저지름

13~16: 대부분의 일을 잘 처리해 내지만 가끔 자잘한 실수를 함

17~19: 거의 모든 일을 깔끔하게 처리함

20: 완벽하게 일을 처리하며 실수가 없음

이런 식으로 인물의 능력치를 만들 때 좋은 점은 무엇일까? 무엇보다 인물을 만드는 과정에서 재미를 느낄 수 있다는 것이다. 이야기가 진행되면 그에 따라 인물은 어떤 사건을 겪고 성장하게 된다. 이때는 게임 속 캐릭터가 레벨 업을 하듯 인물의 능력치도 올려 준다. 사고가 생기거나 심리적 충격이 발생할 경우에는 능력치를 일시적 또는 영구적으로 줄인다.

그뿐만 아니라 인물들 사이에 갈등이 생겼을 때 능력치를 적용해서 그 갈등의 결과를 이끌어 낼 수도 있다. 예를 들어 철수와 영희가 '발표'로 승부하게 된다면 발표력 수치가 높은 영희가 이길 것이다. 그러나 철수에게는 높은 수치의 외모가 있다. 이 역시 발표에 영향을 미칠 수 있을 것이다. 즉, 회사 임원 중 심하게 외모를 따지는 사람이 있다면 그 사람이 변수가 된다. 이런 경우 그 능력에 어느 정도의 수정치를 줄지 결정하면 된다. 그러면 이야기의 흐름은 다음과 같이 될 것이다.

철수와 영희가 발표로 승부한다. 발표의 내용이나 진행 모두 영희가 훨씬 깔끔했다. 그러나 철수의 외모가 마음에 든 임원 A가(수정치 +3) 막판에 그 결과를 뒤집어 버린다.

이와 같이 수치화된 능력만으로도 갈등과 해결 과정을 만들 수 있다. 이야기의 배경이 전투 상황일 때도 마찬가지다. 인물의 힘과 민첩성 같은 수치가 결과를 좌우하게 될 것이며 거기서 다시 추가 수정치를 줄 수 있는 동료나 지니고 있던 무기 같은 변수가 생기는 식이다.

가치관, 어디로 가야 할지 알려 줘!

인물의 가치관을 정하는 것도 중요하다. 인물이 일반적인 행동을 할 때, 또는 중요한 결정을 내려야 할 때 나아갈 방향을 정해 주는 요소이기 때문이다. 가치관은 매우 다양하기에 하나하나 다 만들어 볼 수는 없다. 따라서 다음 예시와 같이 큰 범주로 만들어 두면 유용하다.

① 착하다. 규칙을 잘 지킨다.

② 착하다. 가끔 규칙을 어긴다.

③ 착하다. 규칙을 무시한다.

④ 때로 착하고 때로 못됐다. 규칙을 잘 지킨다.

⑤ 때로 착하고 때로 못됐다. 가끔 규칙을 어긴다.

⑥ 때로 착하고 때로 못됐다. 규칙을 무시한다.

⑦ 못됐다. 규칙을 잘 지킨다.

⑧ 못됐다. 가끔 규칙을 어긴다.

⑨ 못됐다. 규칙을 무시한다.

'기본적인 성향'과 '준법'을 기준으로 나눠 본 예시다. 보통의 사람들은 대개 '⑤때로 착하고 때로 못됐다. 가끔 규칙을 어긴다'에 해당한다. '⑦못됐다. 규칙을 잘 지킨다'와 같이 잘 이해되지 않는 부분도 있을 것이다. 이 가치관의 인물은 아주 이기적이고 남들에게 피해를 주려는 성향이 강하다. 그러나 자신이 속한 사회의 규칙은 잘 지킨다. 예를 들면 이 사람은 쓰레기를 절대 아무 데나 버리지 않는다. 그리나 사회가 정한 법의 테두리 안에서 자신에게 이득이 되는 일이라면 도덕적으로 문제가 있을지라도 서슴지 않고 행동한다. 법을 교묘히 이용해서 이득을 취하는 사람들이 바로 이런 유형이다.

아직 잘 이해가 안 간다면 '③착하다. 규칙을 무시한다'를 보자. 이런 가치관을 지닌 인물이 의사라면, 이 인물은 진심으로 환자를 살리고 싶어 하는 사람이다. 자기 부나 명예를 위해서 움직이는 것이 아니라 정말 다른 사람을 위해 행동할 줄 안다. 그러나 이 의사는 사람을 살릴 수 있다면 어떤 불법이라도 저지르는 사람이다. 그런 이유로 병원에서 징계를 받게 되거나 좌천되기도 할 것이다.

물론 이런 식으로 설정했다 하더라도 인물의 가치관은 이야기가 진행됨에 따라 변할 수 있다. 그런 경우 가치관이 변할 정도의 사건이 있어야 한다. 방금 이야기했던 의사를 예로 들자면 저렇게 의료 행위를 하다 결국 소중한 사람과 재산을 모두 잃고 '착한' 성향이 '못된' 성향으로 바뀔 수도 있다. 그렇게 '⑨못됐다. 규칙을 무시한다'로 가치관이 바뀐다면 그는 온갖 불법 시술을 통해 자신의 이득만 취하는 의사가 될 것이다.

더욱 매력적인 캐릭터 만들기

외모, 성격, 장점, 단점은 인물의 매력을 결정하는 요소다. 사건이 생겼을 때 인물이 어떤 식으로 해결할지, 해결하지 못했다면 어떤 식으로 반응하게 될지도 결정한다.

세상 사람들의 외모와 성격이 다양하듯 이야기 속 인물도 굉장히 다양하다. 어디에나 있는 흔한 외모의 인물이 있는가 하면 아이돌처럼 빛나는 외모를 가진 인물도 있다. 누가 봐도 흉악한 범죄자 같은 얼굴이지만 사실은 굉장히 수줍음을 많이 타는 인물이 있는가 하면, 공부만 할 것 같은 얼굴이지만 알고 보면 무서운 살인마인 인물도 있다. 이런 것을 설정해 줄 때 인물은 비로소 생기를 띠기 시작한다. 이 부분을 결정할 때는 앞서 살펴봤던 수치를 활용해 보는 것도 좋다.

장점과 단점은 인물의 매력과 관계 있으면서도 이야기를 진행하기 위해 필요한 요소이기도 하다. 그중 단점이 특히 중요하다.

먼저 장점을 보자. 장점을 어떻게 설정하느냐에 따라 문제 상황에 처했을 때의 해결 방식이 결정된다. 예를 들어 풍부한 화학 지식이 장점인 인물이 창고에 갇혔다면? 마침 그 창고에 폭탄을 만들 만한 재료가 있다면? 그는 자신의 지식을 활용해서 창고를 탈출할 수 있을 것이다.

단점은 갈등을 만들어 내거나 악화시키는 요소다. 이야기가 재미있어지려면 무엇이 가장 중요할까? 바로 갈등이다. 별다른 갈등 없는 잔잔한 이야기를 볼 때는 앞으로 어떻게 될까 궁금해지지 않는다. 감정적이거나 물리적인 갈등이 오갈 때 다음이 궁금해지는 것이다. 게다가 단점은 인물이 극복해 내야 할 부분이다.

곧, 인물이 어떻게 성장할지를 의미하는 것이기도 하다.

예를 들어 '충동적인 성향'이며 '마음을 쉽게 닫는다'는 단점이 있는 인물 철수가 있다고 해보자. 철수는 '충동적'으로 편의점에서 과자를 훔친다. 사건이 하나 발생한 셈이다. 그 행동을 어머니가 알게 되고 어머니는 철수를 나무란다. 갈등이 발생하게 된다. 철수는 어머니의 말을 무시하며 '마음을 닫고' 자기 방에 틀어박힌다. 아마 어머니는 점점 더 화가 날 것이며, 갈등은 더 심화된다. 그러다 어머니와 극적인 화해가 이루어지고 철수는 자신의 행동을 반성한다. 이처럼 갈등과 인물의 성장이 모두 단점 때문에 일어난다. 이런 단점을 다루는 방법에 대해서는 4장에서 직접 스토리텔링을 해보며 더 살펴보자.

너의 과거는

인물의 과거를 반드시 설정해야 하는 것은 아니다. 그러나 과거가 있다면 이야기 안에서 활용하기 좋다. 특히 신비로운 분위기를 가진 인물이라면 더 그렇다. 인물의 과거는 보통 이야기의 중간에 넣어서 독자나 시청자, 관객의 궁금증을 해결해 주는 식으로 많이 활용된다.

인물의 과거로 삼을 만한 내용으로는 특이한 경험, 기구한 사연 등이 있다. 그리고 과거는 인물의 단점에 영향을 미칠 수도 있다. 세계대전에 참전했던 과거의 경험 때문에 폭력적 성향이나 불안 증세가 생긴 인물이 그 예다. 즉, 인물의 과거를 설정하면 왜 이런 성향을 가지고 이런 행동을 하게 되었는가를 알려 줄 수 있게 된다.

욕망, 이야기를 이끌어 가는 힘

인물의 목표나 욕망 역시 사건을 만드는 요소다. 단점이 작은 사건을 일으키거나 불안한 분위기를 만든다면, 욕망은 대개 전체를 관통하는 큰 사건을 일으킨다. 따라서 욕망은 작품이 말하고자 하는 바와 가장 밀접한 관련이 있다고 할 수 있다.

예를 들어 중세의 궁정이 배경인 이야기가 있다고 해보자. 주인공의 신분은 하녀로서 '신분 상승'이라는 욕망을 품고 있다. 이야기는 그녀가 이 욕망을 이루기 위해 여러 사건을 일으키면서 진행되다가 마지막에는 그녀가 귀족이 되거나, 그러지 못하고 좌절하는 결말이 나타날 것이다. 인물의 욕망이 이야기의 흐름을 결정하는 것이다.

인물의 욕망은 이야기의 큰 뼈대를 만들기 때문에 흥미진진한 요소를 넣어 주는 것이 특히 중요하다. 그리고 여러 인물이 각자의 욕망으로 인해 충돌하는 일이 일어난다면 이야기는 더 재미있어질 것이다.

다시 앞의 하녀 이야기로 돌아가서 생각해 보자. 주인공이 귀족이 된 뒤에는 이야기가 끝나는 것일까? 어쩌면 귀족이 되기 위해 저질렀던 일 중 해결되지 않은 사건이 남아 있을 수도 있다. 누군가에게 한 거짓말이 아직 드러나지 않았다거나 하는 식으로 이야기의 불씨가 꺼지지 않았을 수 있다.

그렇다. 바로 이 지점에서 또 새로운 이야기가 시작된다. 드라마로 치면 새로운 시즌이 시작되는 것이다. 인물의 욕망이 해결된 뒤 새로운 욕망이 생기는 방식은 보통 만화나 드라마처럼 회차가 나뉘는 장르에서 많이 나타난다. 이렇게 이야기를 이어 나가게 하는 원동력이 바로 인물이 가진 욕망이다.

인물의 욕망을 손쉽게 정하는 방법을 다음 예시를 통해 알아보자. 바로 앞에서 예로 든 하녀 이야기의 배경인 '중세의 궁정'을 바탕으로 욕망을 설정해 보았다. 제이슨 모닝스타의 《피아스코》라는 TRPG 책을 참고했다.

이 작업은 방향과 배경 설정이 끝난 뒤에 하는 것이 좋다. 인물의 목표와 욕망은 그가 속한 세계과 밀접한 관련이 있기 때문이다. 예를 들어 중세를 살아가는 사람이 휴대폰을 갖고 싶어 하지는 않을 것이다. 그러나 다양한 인물을 만드는 것 자체에도 의미가 있으니, 시간 날 때마다 인물만 만들어 보아도 괜찮다.

큰 범주 1. 복수하고 싶다

① 나를 몰락시킨 귀족에게

② 가족을 노예로 만든 사채업자에게

③ 나에게 창피를 준 하녀에게

④ 경쟁자에게

⑤ 가족 누군가에게

⑥ 여왕에게

큰 범주 2. 신분 상승하고 싶다

① 귀족과 결혼해서

② 여왕의 눈에 들어서

③ 비밀을 알아내 협박해서

④ 돈을 많이 벌어서

⑤ 폭력으로

⑥ 남을 속여서

큰 범주 3. 존중받고 싶다

① 귀족들에게, 내 능력을 보여 줌으로써

② 애인에게, 중요한 약속을 해서

③ 나 자신에게, 체제를 무너뜨려서

④ 여왕에게, 가족을 배신해서

⑤ 이 나라로부터, 영웅이 됨으로써

⑥ 친구에게, 파멸로부터 구해주어서

큰 범주 4. 진실을 알고 싶다

① 그 사고에 대해

② 궁정의 잠긴 문에 대해

③ 여왕이 만나는 사람에 대해

④ 내 진짜 부모에 대해

⑤ 기억나지 않는 과거에 대해

⑥ 금기시되는 어떤 말에 대해

큰 범주 5. 피하고 싶다

① 다가올 위험을

② 괴로운 과거를

③ 내가 한 거짓말의 대가로부터

④ 나의 비밀을 알고 있는 자에게서

⑤ 이단 심문관에게서

⑥ 나를 찾아다니는 자에게서

큰 범주 6. 빠져들고 싶다

① 향락과 사치에

② 사랑하는 사람에게

③ 종교에

④ 아름다운 것들에

⑤ 금단의 지식에

⑥ 결코 가질 수 없는 무언가에

위와 같이 욕망을 분류하는 방법은 다음과 같다.

① 큰 범주의 욕망을 6개 만든다. 욕망의 종류로는 '벗어나고 싶다', '복수하고 싶다', '부자가 되고 싶다', '존중받고 싶다', '진실을 알고 싶다', '피하고 싶다', '빠져들고 싶다', '즐기고 싶다' 등이 있다. 이 중에서 골라도 좋고 아니면 다른 큰 범주의 욕망을 만들어도 좋다.

② 이야기의 방향과 배경을 고려해서 각각의 큰 범주 아래에 다시 구체적인 욕망을 6개씩 만든다.

③ 꼭 6개씩일 필요는 없다. 더 많아도, 더 적어도 상관없지만 많으면 많을수록 좋다. 더 다양한 인물을 만들 수 있기 때문이다.

이 내용을 바탕으로 인물의 욕망을 설정했다. 한 사람에게 2개의 욕망을 주었으며 그에 맞게 이름과 성별, 사회적 지위도 설정해 보았다. 욕망은 더 많아도 좋고 하나만 있어도 괜찮다. 다만 욕망이 많으면 이야기가 지나치게 복잡해질 수 있으므로 주의해야 한다. 이러한 욕망은 직접 골라서 정해도 되고, 무작위로 정해도 괜찮다.

인물 A

이름: 캐서린

성별: 여

신분: 하녀

2. 신분 상승하고 싶다 - ① 귀족과 결혼해서

5. 피하고 싶다 - ④ 나의 비밀을 알고 있는 자에게서

인물 B

이름: 존

성별: 남

신분: 몰락 귀족

1. 복수하고 싶다 - ⑥ 여왕에게

4. 진실을 알고 싶다 - ③ 여왕이 만나는 사람에 대해

인물 C

이름: 데이비드

성별: 남

신분: 후작

3. 존중받고 싶다 - ③ 나 자신에게, 체제를 무너뜨려서

6. 빠져들고 싶다 - ① 향락과 사치에

인물 D

이름: 리처드

성별: 남

신분: 마부

2. 신분 상승하고 싶다 - ⑥ 남을 속여서

4. 진실을 알고 싶다 - ⑤ 기억나지 않는 과거에 대해

인물 E

이름: 마리

성별: 여

신분: 귀족 여성

5. 피하고 싶다 - ⑤ 이단 심문관에게서

6. 빠져들고 싶다 - ⑤ 금단의 지식에

인물의 욕망 설정이 끝났을 뿐이다. 그러나 벌써 수많은 사건이 일어날 조짐이 보일 것이다.

이야기에서도 중요한 인간관계

여기까지 했다면 이제 할 일은 인물들의 관계를 만들어 주는 것이다. 욕망을 고려해서 각 인물을 이어 주다 보면 자연스럽게 사건이 그려지게 된다.

마리를 데이비드의 부인으로 정해 보면 어떨까? '야망이 있고 사치, 향락을 즐기는 남자의 아내가 금단의 지식을 추구하다 이단 심문관에게 쫓기게 된다' 하는 식의 그림이 그려질 것 같아.

캐서린과 리처드는 서로 잘 알고 있는 관계로 해보자. 둘 다 신분 상승하고 싶은 욕망이 있으니 이를 위한 모종의 협력관계로 설정해도 괜찮을 것 같네.
그리고 존과 마리는 과거에 연인이었다고 해도 재미있을 것 같아.
마리가 위기에 처했을 때 존이 도와주는 일이 생길 수도 있을 테고,
존이 알고 싶은 사실에 대해 마리가 알려 줄 수도 있겠지.

인물관계는 다양하게 엮어 볼 수 있으며 필요하다면 인물을 더 추가할 수도 있다. 이런 식으로 인물을 만들고 관계를 설정해 나가다 보면 자연스럽게 상상력 훈련도 될 것이다.

이제 어떤 인물을 주인공으로 할지 정해야 한다. 물론 주인공은 여러 명이 될 수도 있다. 이 경우 각각의 인물이 자신의 욕망을 이루어 나가는 모습을 보여 주게 될 것이다. 여기에 더해 인물들의 비중에도 신경을 써줘야 하는데, 이와 관련된 내용은 3장에서 자세히 알아보자.

악역이나 라이벌도 빼놓을 수 없다. 주인공이 상대하기 어려울 정도의 악역이 등장하면 독자는 주인공이 이를 어떻게 이겨낼지 궁금해진다. 주인공과 비슷한 능력을 지닌 라이벌이 등장해서 엎치락뒤치락해 나가는 것도 재미의 요소다. 즉, 악역 또는 라이벌은 이야기를 흥미롭게 만들어 주는 존재다.

주인공이 악당일 수도 있다. 이런 경우 재미있는 점은 독자가

악당인 주인공에게 감정이입을 하기도 한다는 사실이다. 예를 들면 주인공은 분명 도둑이고 나쁜 사람인데, 그가 물건을 훔치다 발각될 위기에 놓였을 때 독자는 저도 모르게 마음을 졸이게 된다. 왜 그렇게 될까? 그만큼 그 인물이 매력적이기 때문이다. 따라서 좋은 스토리텔링을 하기 위해서는 매력적인 인물을 만들어 내는 것이 중요하다.

인물은 가능한 한 많이 만들어 보자. 생각날 때마다 새로운 인물을 만들어 보고, 노트에 기록해 두자. 그 노트는 앞으로의 스토리텔링을 위한 인물 은행이 된다. 새로운 이야기를 만들 때마다 그 이야기에 어울리는 인물을 인물 은행에서 꺼내 쓴다면, 훨씬 빠르게 스토리텔링을 시작할 수 있을 것이다.

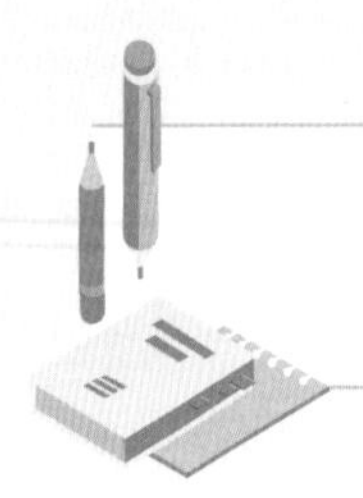

진로 찾기 소설가

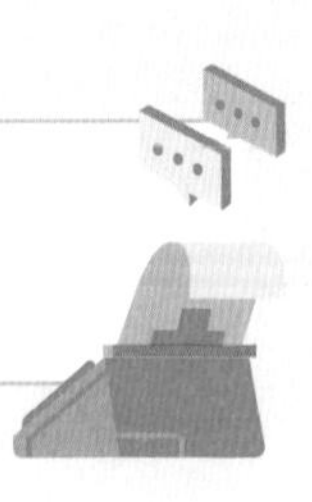

소설가는 이름 그대로 소설을 쓰는 사람이다. 순수문학을 쓰는 사람과 장르문학을 쓰는 사람으로 나눌 수 있는데, 우리나라에서는 소설가라 하면 대개 순수문학을 쓰는 쪽을 말한다.

소설가는 자신이 말하고자 하는 바를 글이라는 방법으로 드러낸다. 이를 위해 수많은 자료를 수집하고 정리해 내용을 구상한다. 그런 뒤 등장인물, 구성 방법, 표현 방법을 고민하며 이야기를 만들고, 끊임없이 문장을 다듬어 예술적인 형태의 작품을 만들어 낸다.

자신이 경험했거나 경험해 보지 못한 삶을 독자에게 보여 주고, 우리가 살아가고 있는 세계와 나의 삶은 어떠한지 돌아보게끔 하는 것이 소설가의 일이다. 그래서 소설가는 여행을 다니거나 누군가를 만나면서 다양한 경험을 하고 창작에 필요한 아이디어나 소재를 얻곤 한다. 물론 여러 책을 읽고 필요한 자료를 얻는 것도 필요하다.

소설가에게는 세밀한 관찰력과 '왜?'라고 질문하는 태도가 필요하다. 인간과 그 주변에서 일어나는 일들을 다루며 그 안에서 생겨나는 의미에 대해 이야기해야 하기 때문이다. 즉, 인간의 행동이나 심리는 물론이며 사물의 형태나 원리에 대해서도 깊이 탐구해야 한다.

언어에 대한 감각과 잘 훈련된 문장력 역시 필요하다. 많은 소설가가 습작을 쓰던 시절에 좋은 소설을 필사베껴 쓰기했다고 한다. 필사는 글을 읽는 또 다른 방법으로, 다른 소설가가 글을 쓴 과정을 천천히 따라가 보는 것이다. 이를 통해 글의 내용을 더 깊이 있게 이해하고, 미처 알아채지 못한 부분까지 읽어 낼 수 있다. 깔끔한 문장력을 얻는 것은 덤이다.

'글은 엉덩이로 쓴다'는 말이 있다. 소설은 하루아침에 만들어지는 것이 아니다. 좋은 아이디어와 소재가 있더라도 쓰고 고치고 또 고치는 작업을 반복해야 한다. 더 다듬을 것이 없어 보이더라도 또 다듬어 보아야 한다. 그렇게 엉덩이를 붙이고 앉아, 인내심의 끝에 다다랐을 때 좋은 소설 작품이 나온다. 헤밍웨이는 "모든 문서의 초안은 끔찍하다. 글 쓰는 데에는 죽치고 앉아서 쓰는 수밖에 없다. 나는 《무기여 잘 있거라》 마지막 페이지를 총 39번 새로 썼다"라고 말하기도 했다.

소설가가 되는 방법은 신문사에서 실시하는 신춘문예나 출판사에서 발간하는 문예지의 신인상 공모에 응모해 등단하는 것이다. 그러나 수백에서 수천 명씩 지원하기 때문에 문턱이 꽤 높은 편이다. 이 때문에 습작을 하는 동안 많은 작품을 써두고, 이것들을 나누어 여러 곳에 보내는 경우가 많다.

소설가가 되고 싶다면 문예창작학과나 국문학과로 진학하면 도움이 될 수 있다. 그러나 꼭 관련 학과로 진학하지 않더라도 재능과 노력이 있다면 충분하다. 전공이 문학 관련 학과가 아닌 소설가의 비율이 전체의 3분의 1 정도다.

참고로 소설가는 소설만 쓸 것 같지만, 그렇지 않은 경우가 더 많다. 대부분의 소설가가 따로 직장에 다닌다. 전업 작가의 비중이 낮은 편이다.

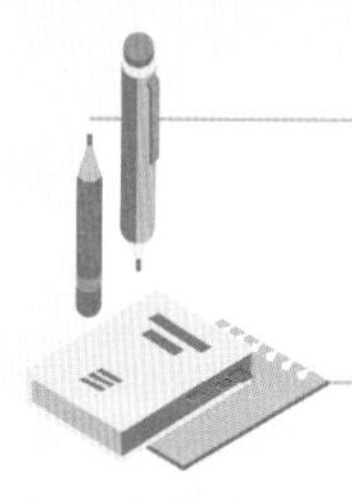

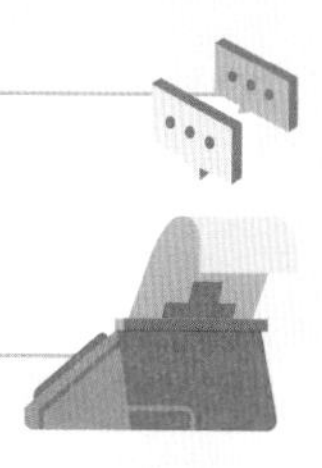

진로 찾기 **웹소설 작가**

웹소설 작가는 온라인상에서 연재되는 소설을 쓰는 사람이다. 장르 문학을 쓰는 경우가 대부분으로 크게 여성향과 남성향으로 나눈다. 여성향은 여성 독자들이 좋아하는 분야로 로맨스, 로맨스 판타지 등을 뜻하며, 남성향은 남성 독자들이 좋아하는 분야로 판타지, 무협, 이세계물, 레이드물 등을 말한다.

웹소설 작가는 현대의 이야기꾼이다. 소설가가 이야기를 통해 인간의 삶을 보여 주고자 한다면, 웹소설 작가는 이야기의 근본적인 존재 이유라 할 수 있는 재미를 추구한다. 누구나 상상만 하던 일, 또는 상상조차 못 했던 일을 이야기로 만들어 독자에게 보여 주어야 한다. 이야기를 통해 대리만족을 느낄 수 있도록 하는 것이다.

그런 의미에서 웹소설은 문학성이나 작품성을 중요하게 여기지 않는다. 물론 아름다운 예술성을 보여 주면서 재미까지 잡은 웹소설도 있다. 더할 나위 없이 좋은 경우다. 그러나 대개의 웹소설은 깊은 생각을 통해 얻는 재미와 달리 이야기 자체가 주는 재미를 추구한다. 그만큼 웹소설 작가에게는 재미있게 이야기를 이끌어 나가는 능력이 필요하다. 기발한 등장인물이나 소재, 창의적인 발상과 전개가 무엇보다 중요한 분야다.

그리고 연재를 하며 인정받는 만큼 돈을 버는 직업이기 때문에 상업적인 성격을 많이 띤다. 독자의 호응을 받지 못하면 성공할 수 없는 만큼 웹소설계의 트렌드, 독자의 성향과 욕구를 잘 분석하는 것이 중요하다.

웹소설을 쓰기 위해 따로 진학해야 하는 학과는 없다. 꼭 전문적인 글쓰기를 배우는 학과로 진학하지 않아도 된다. 웹문예창작학과가 있기는 하지만, 현재 웹소설을 연재하는 작가들은 대부분 학생이거나 다른 직업에 종사하는 사람들이다. 물론 전업 작가도 있다.

웹소설 작가가 되는 방법은 첫째, 공모전 당선이다. 공모전은 웹소설 작가가 될 수 있는 제일 빠른 방법이다. 그러나 그만큼 경쟁률도 매우 높다. 둘째, 오픈 플랫폼을 통한 연재다. 누구나 글을 쓰고 자신의 글을 올려 연재를 시작할 수 있으며, 독자들이 보이는 반응도 바로 확인할 수 있다. 그러다 글이 좋은 반응을 얻는다면 연재와 관련해 연락이 오고 공식적으로 데뷔할 수 있다.

2장

스토리텔링에 필요한 재료들

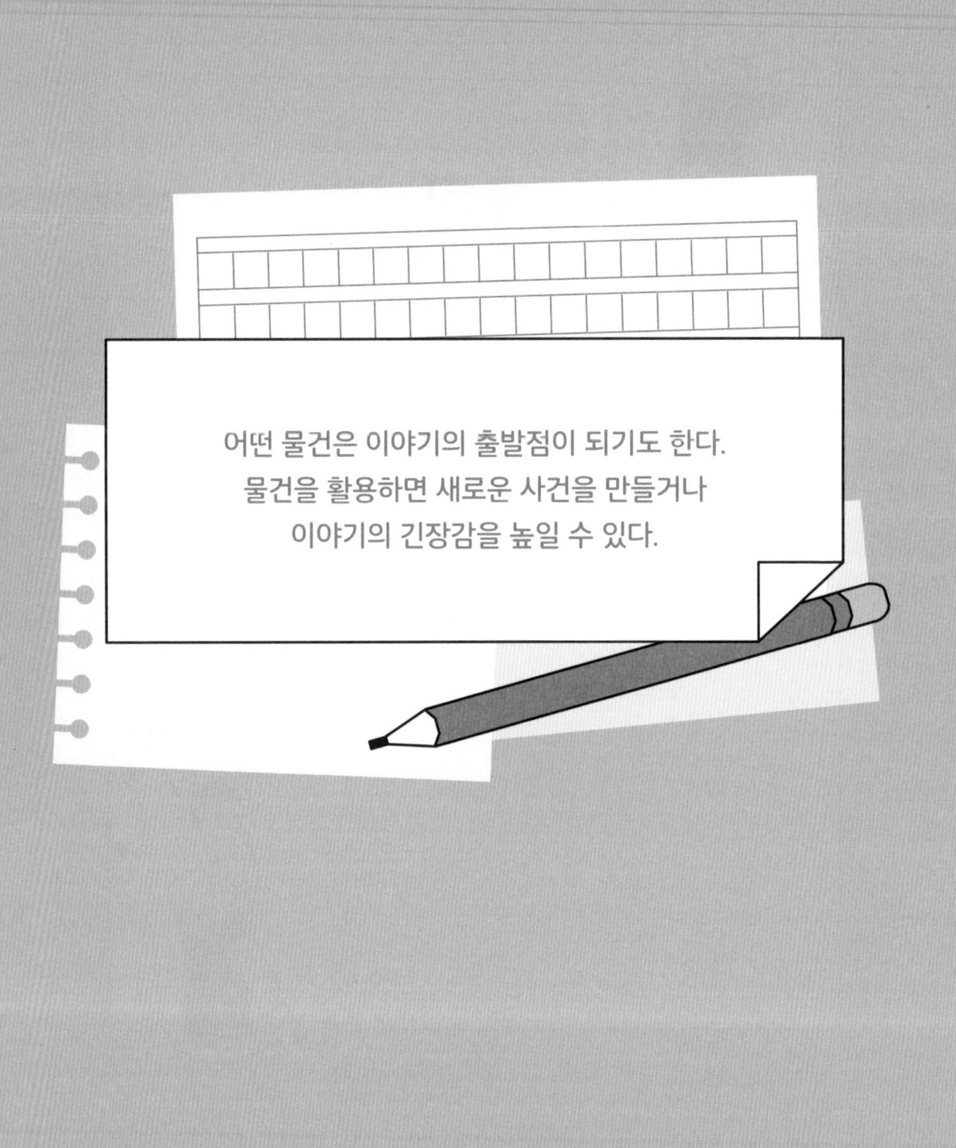
어떤 물건은 이야기의 출발점이 되기도 한다.
물건을 활용하면 새로운 사건을 만들거나
이야기의 긴장감을 높일 수 있다.

약방의 감초, 물건 배치하기

어떤 물건은 이야기 속에서 핵심적인 위치에 놓인다. 소설《반지의 제왕》을 한 문장으로 이야기하면 '절대 반지를 파괴하기 위한 여정'이라 할 수 있다. 영화 <어벤저스: 엔드게임>2019은 '인피니티 스톤을 차지하기 위한 싸움'일 것이다. 내용을 요약한 문장에서도 드러나듯《반지의 제왕》에서는 '절대 반지'가, <어벤저스: 엔드게임>에서는 '인피니티 스톤'이 이야기의 중심이 되는 물건이다.

심지어 물건 하나만으로 끝나는 아주 유명한 소설도 있다. 바로 미국의 소설가인 어니스트 헤밍웨이의 한 줄짜리 소설이다. 유명한 작가였던 헤밍웨이에게 어느 날 누가 내기를 걸었다. 단어 6개로 짧은 소설을 지어서 사람들을 울릴 수 있다면 헤밍웨이가 이긴 것으로 한다는 내기였다. 그렇게 헤밍웨이가 쓴 글은 다음과 같다.

For sale: baby shoes, never worn

(아기 신발 팝니다. 한 번도 안 신었음.)

일단 '아기 신발을 판다'는 것에서 이 물건을 파는 사람이 부유하지 않다는 점을 짐작할 수 있다. 그런데 '한 번도 안 신은 아기 신발'이다. 보통 아기가 태어나기 전에 부모는 아기가 입을 옷이나 신발을 미리 사둔다. 그런데 그 미리 사둔 신발을 쓸 곳이 없어졌기 때문에 파는 것이다. 즉, 아기가 유산되었거나, 태어난 지 얼마 되지 않아 죽었을 것임을 추측할 수 있다. 가난과 죽음, 이것이 이 소설에 담겨 있는 슬픔이다.

이 소설에는 '아기 신발'이라는 물건만 등장할 뿐, 겉으로 드러나는 다른 인물은 없다. 결과적으로는 물건 하나로 끝낸 소설인 셈이다. 이 작품은 헤밍웨이의 뛰어난 글쓰기 능력을 보여 주기도 하지만 이야기에서 물건이 가지는 힘도 잘 드러낸다.

사건의 중심이 되는 물건

인물의 욕망이 그 인물을 이야기 속에서 움직이게 하는 힘이라면, 사건의 중심이 되는 물건은 대개 욕망의 목표나 수단이 되는 경우가 많다. 그 물건이 전체 이야기에 큰 영향을 미치는 것이다. 따라서 사건의 중심이 되는 물건은 중요한 것이어야 한다. 물질적으로든 정신적으로든 가치 있고 매력적인 물건일수록 그에 대한 인물의 욕망도 더 강해질 것이다. 좋은 스토리텔링을 위해서는 그런 물건을 이야기 속에 잘 배치해야 한다.

그렇다면 재미있는 이야기에서 사건의 중심이 되는 물건으로는 무엇이 있을까?

첫 번째, 가치 있는 물건이다. 값비싼 것일 수도 있고 명예나 권력, 또는 강력한 힘을 주는 것일 수도 있다. 수많은 작품에서 가장 흔하게 등장하는 유형이다. 좀비 떼가 나오는 이야기에서는 '백신'이나 '치료제'가 그런 물건이고, 범죄를 다룬 이야기에서는 '돈'이나 '값비싼 예술품'이 그런 물건이다.

두 번째, 숨겨야 하는 물건이다. 이 물건이 세상에 드러날 경우 개인이나 사회에 중대한 문제를 일으킬 수 있다. 범죄와 관련된 것일 수도 있고, 정부의 비밀과 관련된 것일 수도 있다. 즉, 비밀리에 빼돌린 '은행의 금괴'나 정부에서 숨기고 있는 '외계인에 대한 기록물' 같은 물건이다.

세 번째, 무형의 무언가다. 물건이라고 하기는 애매하지만 물건과 비슷한 위치에서 중요한 비중을 차지하는 것이다. 어떤 정보나 정신적 가치, 문화, 기술 등이다. 명맥이 끊길 상황에 놓인 '전통'이나 새로운 'AI 관련 기술' 같은 것이 그런 물건이다.

당연하게도 이야기 속의 물건에는 하나의 속성만 있지 않다. 여러 가지 속성이 한 물건에 포함되어 있을 수도 있다. 예를 들어 영화 <가타카>1997에서는 제롬의 '우월한 유전자 정보'가 그런 물건이다. 이 유전자 정보는 다른 등장인물인 빈센트에게 꼭 필요한 것이며, 영화 내내 이야기의 흐름에 큰 영향을 미친다. 사건의 발단이면서 문제 해결을 위한 실마리가 되기도 한다. 게다가 빈센트는 제롬의 유전자 정보를 사용하고 있다는 사실을 들켜서는 안 된다. 이 경우 유전자 정보는 '가치가 있으면서도 숨겨야 하는 물건'이 된다.

이런 물건들은 이야기 속에서 역할이 생기곤 한다. 이번에는 물건의 의미를 나눠 보자.

첫째, 가져야 하는 것
둘째, 지켜야 하는 것
셋째, 없애야 하는 것

앞서 다룬 물건의 세 속성과 이 의미들을 연결해 보면 이야기 속 물건의 역할이 더 명확해진다. 예를 든다면 '가치 있는 것을 없애야 한다', '숨겨야 하는 것을 가져야 한다', '가치 있는 무형의 무언가를 지켜야 한다' 등이다.

영화 <인생은 아름다워>1997를 보면 '가치 있는 무형의 무언가를 지켜야 한다'가 나타난다. 유대인인 귀도는 아들 조수아를 나치로부터 보호해야 하고 그와 동시에 조수아의 동심과 희망도 지켜야 한다. 아들의 순수한 마음은 물건의 세 번째 속성인 무형의 무언가다. 그래서 귀도는 조수아에게 '수용소의 상황이 게임이며 승자는 탱크를 얻는다'라고 거짓말을 하고 수용소의 모든 상황에 이를 적용해 나간다.

물건은 이야기의 출발점이 되기도 한다. 어떤 이야기를 만들어야 할지 고민이 될 때, 물건을 하나 만들고 그것에 속성과 의미를 부여하면 좋은 발상이 나올 수도 있을 것이다.

작은 사건을 일으키는 물건

작은 사건을 일으키는 물건은 있으면 좋지만 큰 이야기의 흐름에서는 그렇게 중요하지 않다. 간단히 말하면 없어져도 괜찮은 물건이다. 많은 영화나 소설에서는 도망치다 흘리기 좋은 물건이 등장한다.

군인들에게 쫓기는 부모와 아이가 있다. 부모는 도망치는 길에 아이가 애착 인형을 떨어뜨렸다는 사실을 뒤늦게 알아채지만 위급한 상황이기에 인형을 포기한다. 그런데 이후 만난 새로운 인물이 그 인형을 들고 있어서 작은 오해가 생긴다.

이때 애착 인형이 작은 사건을 일으키는 물건이다. 이런 물건은 인물의 분위기를 연출하는 데에도 사용된다. 암흑가 보스가 항상 물고 있는 '시가'나 해적의 '갈고리 손' 같은 것이 좋은 예다.

이런 물건을 잘 활용하면 이야기 속에 새로운 사건을 만들거나 이야기의 긴장감을 높일 수도 있다. 작은 사건을 일으키는 물건이 가지고 있는 속성이나 역할은 중심 사건이 되는 물건의 그것과 같을 때도 있다. 그러나 이야기 안에서 덜 중요하다는 점이 다르다. 그 물건은 가치 있는 것일 수도 가치 없는 것일 수도 있고, 숨겨야 하지만 숨기지 못하더라도 이야기에 크게 영향을 미치지는 않는 정도다. 따라서 중심이 되는 인물보다는 주변 인물에게 속한 물건일 가능성이 높다.

물건을 나열해 보자

앞에서 인물을 설정했던 것처럼 이야기를 시작하기 전에 이야기에 등장할 만한 물건을 쭉 나열해 보는 것도 좋다. 늘어놓고 보면 이야기에서 쓰이는 물건도 있을 것이고 그렇지 않은 물건도 있을 것이다. 중심이 되는 물건도 있을 것이고 그렇지 않은 물건도 있을 것이다. 그럼에도 이야기를 이어 나갈 소재는 많으면 많을수록 좋다.

아무리 계획을 잘 세우더라도 중간에 새로운 아이디어가 떠올라서, 또는 해나가던 이야기와 어울리지 않아서 수정해야 하는 부분이 생기게 된다. 직접 써보면 느끼겠지만 이야기는 정말 어디로 튈지 모른다. 그러니 인물이든 물건이든 관련된 이야깃거리를 최대한 많이 준비해 두는 것이 좋다.

이제 다양한 물건을 떠올리고 적어 보자. 내가 하려는 이야기와 관련된 물건이어도 좋고 그렇지 않은 물건도 좋다. 관련된 물건은 이야기에 힘을 실어 줄 것이고, 그렇지 않은 물건은 의외의 이야기를 만들어 줄 것이다. 그냥 손 가는 대로 쓰면 된다.

내가 하려는 이야기

두 남녀의 사랑이 결국 이루어지지 못하는 비극

물건 나열하기

① 라면 ② 낡은 사진 ③ 커피 ④ 반지 ⑤ 고급 차 ⑥ 소방차 ⑦ 엿들은 통화 내용 ⑧ 인형 ⑨ 야구방망이 ⑩ 일기 ⑪ 연예인의 사인 ⑫ 받지 못한 편지 ⑬ 강아지 ⑭ 유전자 검사 결과지 ⑮ 출생증명서 ⑯ 유언 ⑰ 무언가 표시된 소설책 ⑱ 보물지도 ⑲ 복권

이번에는 내가 하려는 이야기에 어울리는 물건과 그렇지 않아

보이는 물건을 구분해 보자. 그리고 이야기에 어떻게 쓸 수 있을지 메모해 두면 좋다. 인물 설정을 미리 해두었다면 그에 따라 달라질 수도 있지만, 일단 인물 설정은 배제하고 보도록 하자.

다음은 이야기와 어울리는 물건에 대해 메모한 예다.

---

② 낡은 사진

1. 두 주인공의 추억을 떠올리는 매개체로 사용될 수 있을 것 같다.
2. 또는 이미 결혼한 여자주인공의 남편이 여자주인공과 남자주인공의 다정한 모습이 담긴 사진을 발견하면서 어떤 사건이 벌어질 수도 있을 것 같다.
3. 아니면 이야기의 도입부에서 여자주인공의 딸이 엄마의 서랍을 뒤지다 이 사진을 발견하면서 그에 얽힌 이야기가 풀어져 나갈 수도 있겠다.

④ 반지

1. 힘들게 준비했지만 '결국 건네지 못한 반지'가 될 수도 있고
2. '죽을 때까지 간직한 반지'가 될 수도 있을 것 같다.
3. 아니면 '잃어버린 반지'가 될 수도 있겠다.

⑭ 유전자 검사 결과지

1. 막장 스타일에 어울리는 물건이다.
2. '알고 보니 둘이 남매였다' 같은 클리셰를 만들 수 있을 것 같다.
3. '가난한 남자주인공이 알고 보니 대기업 회장의 아들이었다'가 될 수도 있겠다.

클리셰란 상투적인 장면이나 대화, 줄거리, 전형적인 수법이나 표현을 뜻하는 용어다.

다음은 별로 어울리지 않아 보이는 물건에 대한 메모의 예다. 이런 물건들은 의외성을 만들어 내기도 한다.

---

⑥ 소방차

1. 만약 남자주인공 또는 여자주인공의 직업이 소방관이라면?
2. 극적인 장면에서 소방차를 몰고 어떤 일이 일어난다면 꽤 멋진 장치가 될 수도 있겠다.
3. 꼭 직업과 관련되지 않더라도 화재 같은 위기 상황에 등장할

수도 있을 것 같다.

⑱ 보물지도

1. 있는 그대로만 보면 비극적인 사랑과는 어울리지 않고 이상하다.
2. 그러나 두 인물 사이의 소중한 추억을 담은 타임캡슐이 묻혀 있는 장소를 표시한 것일 수도 있다.
3. 또는 정말 보물지도를 중심으로 두 인물이 보물을 찾아 나서는 과정과 사랑이 다루어질 수도?

이야기를 어떻게 시작해야 할지 모르겠을 때는 일단 물건을 나열하고, 그에 대한 생각을 적어 보자. 그러다 보면 생각지 못했던 새로운 아이디어가 떠오르기도 한다. 또한 미리 만들어 둔 인물이 있다면 그 인물과 물건을 무작위로 연결해 보자. 그러면 인물의 개성이 만들어지거나 그 물건에 의미나 역할이 생길 것이다.

이야기의 기승전결, 시놉시스 쓰기

지금까지 이야기의 방향, 배경, 인물, 물건에 대해 살펴보았다. 이제 이것들을 조합하면 사건을 만들 수 있다. 사건은 이야기의 재미와 가장 직접적으로 연결되는 부분이다. 사건이 흥미진진하지 않다면 그 이야기를 듣거나 읽고 싶지 않아진다. 이야기가 힘을 잃는다는 뜻이다.

어떤 일이든 순조롭게만 흘러가면 긴장감이 없다. 우리의 삶 역시 마찬가지다. 예를 들어 시나리오 공모전에 응모한 경험을 친구에게 들려준다고 해보자. "이야기가 생각대로 술술 흘러나와서 완성한 시나리오를 제출했더니 당선되었어"라고 이야기한다면 이 이야기를 더 듣고 싶을까? 다음과 같이 바꾸면 듣는 재미가 더 있을 것이다.

엄마가 갑자기 많이 편찮으셨어. 간호하면서 짬짬이 시간 내서 시나리오를 만들고 제출했는데 결국 떨어졌지. 이 와중에 전 남자친구한테 연락이 와서 다시 시작해 보자고 하는 거야. 분명 다시 만나면 안 될 것 같은데 또 막상 연락을 받으니까 나도 내 마음을 잘 모르겠더라고. 걔가 나 글 쓸 때 조언도 많이 해주고 도와준 것도 생각나고.

그런데 이번 공모전 당선작이 전에 내가 어떤 커뮤니티에 올렸다가 지웠던 작품이랑 똑같은 거야. 표절인 거지! 그래서 주최한 곳에 연락해 봤는데 내가 썼다는 걸 증명할 자료가 필요하대. 이미 다 지워 버려서 남아 있는 게 없는데…. 어떻게 해야 할까?

사건은 대부분 인물이 만들어 간다. 바로 앞의 경우만 해도 짧은 이야기 속에 '나', '엄마', '전 남자친구', '표절한 사람'이 등장하고, 각각 움직이면서 어떤 사건들을 만들어 내고 있다. 미리 인물을 설정했다면 이제 그들을 움직이고 서로 부딪치게 하면서 갈등을 빚게 하거나, 외부 환경과 싸우게 하고 문제를 해결해 나가게 할 차례다.

시놉시스가 꼭 필요할까

시놉시스는 작품을 쓰기 전에 작품의 의도, 말하고자 하는 바 등을 다른 사람이 보기 쉽게 A4 한두 장 정도로 간단히 적은 것을 말한다. 더 간단히는 작품의 줄거리, 개요라고 할 수 있다.

시놉시스를 작성하면 이야기의 흐름을 명확하게 잡아 둘 수 있어서 좋다. 그리고 주제에서 벗어나거나 불필요한 내용을 쓰게 되는 일을 피할 수 있다. 인물이 어떻게 행동할지, 복선은 어떻게 배치할지, 반전은 어떻게 드러낼지, 어떻게 사건을 해결할지 등을 미리 생각하는 작업이기 때문이다. 시놉시스를 통해 이야기의 기승전결이 분명히 드러나도록 틀을 짜둘 수 있다.

무엇보다 내 글을 책으로 만들어 줄 사람을 위해서라도 시놉시스를 꼭 작성해야 한다. 출판사 편집자에게 무턱대고 완성한 글만 보낸다면 읽지도 않고 그냥 던져둘 가능성이 높다. 편집자는 하루에도 수없이 많은 원고를 봐야 하기 때문이다. 그러나 시놉시스가 있다면 편집자는 독자의 흥미를 끌 만한 부분이 있는지 생각해 본 후 원고를 읽어 볼지 말지 결정할 것이다. 이는 공모전의 심사위원들도 마찬가지다.

시놉시스 파헤치기

그러면 시놉시스에 넣어야 할 내용으로는 무엇이 있을까? 하나씩 정리해 보자.

(1) 장르

어떤 분야를 다루는 이야기인지 드러내야 한다. 장르라는 개념은 상당히 느슨해서 시, 소설, 희곡처럼 나눌 수도 있고 로맨스, 판타지, 공상과학같이 작품의 성향에 따라 나눌 수도 있다. 청소년의 성장기를 다룬 소설을 쓴다면 '청소년 성장소설', 로맨스와 판타지가 결합된 시나리오라면 '로맨스 판타지 시나리오'처럼 써주면 된다.

(2) 제목

제목은 매우 중요하다. 책을 고를 때 제일 먼저 무얼 보는지 생각해 보면 바로 알 수 있다. 제목만 보고 읽을지 말지 결정하는 사람도 많다. 그렇다면 좋은 제목을 지으려면 어떻게 해야 할까?

첫 번째, 장르를 기억하자. 여기에서 장르는 이야기가 다루는 분위기다. 즉, 내 이야기가 판타지인지, 범죄수사물인지, 로맨스인지 등을 고려해서 제목을 지어 주자. 내용은 가벼운 판타지인데 《인간 실격》 같은 제목을 지을 수는 없을 것이다. 대신 이를 활용해서 '악마 실격'이라고 지어 준다면 어떨까? 원작을 비트는 패러디를 했다는 점도 드러나고, 실격자격을 잃음이라는 단어와는 어울

> **《인간 실격》**
>
> 일본의 소설가 다자이 오사무가 1948년 발표한 소설. 유복한 가정에서 태어났지만 내향적이고 인간의 가식을 이해하지 못하는 주인공 요조의 몰락 과정을 그린 작품이다. "태어나서 죄송합니다"라는 밈의 원작.

리지 않아 보이는 악마를 인간 대신 넣음으로써 가벼운 분위기를 만들어 낼 수 있을 것이다.

두 번째, 작품의 내용을 한 번에 파악할 수 있게 만들자. 제목 속에 내용을 압축해서 드러내는 것이다. 바로 앞에서 예를 든 '악마 실격'이라는 제목을 보면 아마도 악마가 악마답지 못해서 벌어지는 일을 담고 있을 거라는 생각이 들 것이다. 만약 이 제목에 '오늘도'라는 말을 넣어서 '오늘도 악마 실격'이라고 한다면 어떨까? '오늘도'라는 말에서 독자는 '악마답지 못한 악마가 벌이는 에피소드가 모여 있는 이야기겠구나'라고 짐작하게 되지 않을까?

세 번째, 호기심이 생기도록 짓자. '악마 실격'이라는 제목은 호기심 유발에도 꽤 괜찮은 제목이다. 하지만 '당신을 지배하지 못한 악마는 오늘도 실격'처럼 바꿔 볼 수도 있을 것이다. '당신을 지배하지 못한'에서 독자가 '나를 말하는 건가?' 하고 생각하게 만드는 것이다.

(3) 글쓴이

필명을 써도 되고 본명을 써도 된다. 물론 둘 다 써도 된다.

(4) 로그라인

로그라인은 작품의 내용을 설명하는 한 문장이다. 즉 한 문장으로 요약한 줄거리다. 앞에서 이야기했던 작품의 큰 흐름과 비슷하지만, 그보다 조금 더 구체적으로 적어 주는 것이 좋다. 요즘은 줄거리나 제목보다 강한 인상을 주는 로그라인이 더 중요하다고 말하기도 한다.

(5) 기획 및 집필 의도

왜 이 작품을 썼는지, 내 작품이 다른 작품과는 어떻게 다른지 드러낼 수 있는 부분이다. 제목만큼이나 중요하다. 편집자의 시선을 끌 수 있는 부분이기 때문이다. 또한 내가 작품을 쓰면서 어떤 점을 고려하며 써야 할지도 분명히 할 수 있는 부분이다.

'당신을 지배하지 못한 악마는 오늘도 실격'의 기획과 집필 의도는 이렇게 써볼 수 있을 것이다. 장르는 로맨스 판타지 웹소설이라고 가정해 보자. 웹소설이 온라인에서 유통된다는 점을 활용해 독자와의 새로운 소통 방식을 다음과 같이 제안해 볼 수도 있을 것이다.

이 소설은 독자를 적극적으로 참여시켜 기존의 웹소설과 차별화한다. 독자는 마치 게임을 하듯 다음 전개의 선택지를 골라 댓글로 제안할 수 있다. 작가는 그 댓글을 바탕으로 이야기를 써서 독자가 소설의 일부가 된 것처럼 착각하도록 만들 것이다.

주인공 악미는 이 소설을 읽는 당신을 지배하려 한다. 그것이 악마가 사랑하는 방식. 그러나 개성 넘치는 다양한 악마들이 등장해서 주인공 악마의 사랑을 방해한다. 매회 긴장감 넘치는 지배하려는 자와 벗어나려는 자의 밀당, 그리고 고구마 끝에 터지는 사이다! 과연 악마는 당신을 지배할 수 있을까? 또한 진정한 사랑이란 무엇일까?

(6) 등장인물

주요 인물과 주변 인물, 그 밖의 인물을 소개하는 부분이다. 미리 만들었던 인물 설정을 활용해서 인물의 성격, 목표나 욕망, 외모, 특징 등을 소개하면 된다. 소개하는 인물이 매력적이라면, 또 어떤 일을 벌일지 궁금해지는 인물이라면 독자들이 빠져들기 좋지 않을까? 등장인물은 이런 식으로 적어 보면 된다.

주요 인물

악마 아스모데우스: 아름다운 외모와 매력적인 말솜씨를 지닌 악마. 웹소설이 뜨고 있다는 소문을 듣고 인간을 지배할 좋은 방법이라 생각해 인간계의 웹소설 속에 나타났다. 소설을 읽는 독자가 자신을 사랑하게 함으로써 그를 지배하려 한다. 아스모데우스의 궁극적인 목표는 자신을 향한 사랑이 넘치는 세상을 만드는 것. 그러나 지금까지 능력 없는 작가와 철벽

독자만 만난 바람에 자존감이 바닥을 치고 있다. 마침내 독자를 유혹해 많은 인간을 지배하게 되지만 당신을 만나면서 진정한 사랑에 대해 고민하게 된다.

악마 벨페고르: 노인의 외모를 지니고 있지만 주특기가 환술이라 어떤 모습으로도 변할 수 있다. 빈익빈 부익부인 악마 사회에 불만이 많다. 목표는 악마들이 평등하게 인간을 지배하는 세상을 만드는 것. 아스모데우스가 인간을 지배하지 못할 때는 도움을 주지만 점점 많은 인간을 지배해 나갈수록 그를 방해한다. 그런데 정작 벨페고르가 지배하고 있는 인간의 수는 너무나 적다.

악마 아바돈: 모든 것을 파괴하고 싶어 하는 악마. 메뚜기를 부리며 … (생략)

당신: 이 글을 읽는 독자. … (생략)

주변 인물

악마 루시퍼: 지옥의 왕. 웹소설, 웹툰 등 온라인을 활용한

인간 지배의 길을 일찌감치 개척했다. 마치 유튜브 시장, 주식 시장과도 같은 악마식 인간 지배계의 정점에 올라 오랫동안 군림해 왔다. 때로 인간을 지배할 기회를 일부러 포기함으로써 오히려 더 많은 힘을 얻게 되기도 한다. 현재는 벨페고르의 행보를 유심히 관찰하는 중.

악마 베엘제붑: 아스모데우스를 사랑하는 악마. 그 누구보다도 아름다운 외모를 지녔지만 주위에는 항상 파리가 날아다닌다. 베엘제붑은 파리 대왕이기 때문이다. 자신을 모욕한 자는 결코 용서하는 법이 없다. 독자가 아스모데우스에게 빠져들수록 독자를 괴롭게 만든다.

··· (생략)

그 밖의 인물

심덕후: 독자를 좋아하는 40대 후반 아저씨. 돈이 굉장히 많지만 어딘가 지저분한 냄새가 난다.

아지즈: 아스모데우스의 사역마. 50센티미터 정도의 작은 키와

강아지 같은 얼굴로 귀여운 모습을 띠고 있다. 전투 시에는 거대한 괴수가 된다.

(7) 줄거리

기-승-전-결의 4단 구성이나 발단-전개-위기-절정-결말의 5단 구성으로 나눈 뒤 그에 해당하는 내용을 써주자. 이미 작성을 끝낸 작품을 어딘가에 제출하기 위해 시놉시스를 쓰는 경우라면 내용을 그대로 요약하면 될 것이다. 만약 아직 구상 단계라면, 처음 시놉시스에서 잡았던 줄거리와 이후 내용이 달라질 수도 있다. 그렇지만 너무 걱정하지는 않아도 된다. 시놉시스는 이야기의 대략적인 틀일 뿐이다. 편집자들은 이미 많은 작품을 봐왔기 때문에 시놉시스를 볼 때 그런 경우를 충분히 감안하고 있을 것이다.

다만 반드시 완결된 줄거리를 작성해야 한다는 점을 기억하자. '내 이야기에는 반전이 있어서 이걸 드러내고 싶지 않은데' 같은 생각은 할 필요 없다. 독자가 이 줄거리를 보는 일은 없기 때문이다. 작품을 더 돋보이게 하려면 반전을 편집자에게 미리 보여 주는 것이 오히려 좋지 않을까?

그리고 이야기의 큰 흐름 위주로 줄거리를 작성하고, 작은 사건은 간략하게만 적어 주면 충분하다.

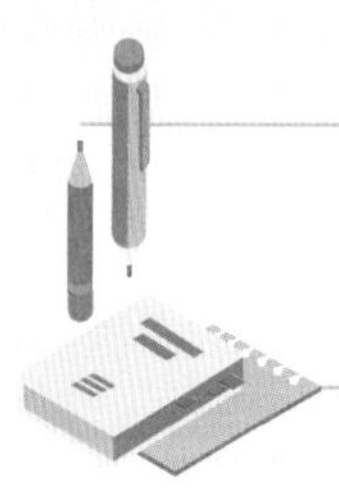

진로 찾기 **만화가**

만화가는 만화의 줄거리를 만들고 그림까지 그리는 사람으로, 이야기꾼이자 화가다. 스토리와 그림 모두를 전담해 창작하는 경우가 많지만, 스토리 작가와 그림 작가를 분리해 작업하기도 한다. 이 책에서는 두 경우를 따로 구분하지 않고 함께 묶어서 이야기하겠다.

만화가는 소설가나 드라마 작가처럼 이야기만 만들지 않는다. 자신이 만든 이야기에 직접 그림까지 그려 내용을 전개해 나간다. 영화감독이 장면을 어떻게 연출해 낼지 고민하듯, 만화가는 만화의 컷 하나하나를 어떻게 구성하고 배치할지 고민해야 한다. 그뿐만 아니라 인물의 표정과 행동, 자세, 명암, 배경 등에 대해서도 헤아려 보아야 한다. 드라마나 영화의 스토리텔링 작업에서 여러 사람이 분담해서 하는 일을 혼자서 다 해내는 직업이다. 그러나 데뷔한 뒤에는, 방향에 대해 조언하며 함께 만화를 만들어 가는 편집자나 그림 작업을 돕는 어시스턴트가 생긴다. 따라서 혼자 모든 것을 짊어지는 부담은 줄어든다.

스토리텔링을 다루는 모든 직업이 그렇듯 만화가 역시 창의력과 상상력, 감수성이 중요하다. 독자들이 웃고 즐기며 공감하고 눈물 흘릴 수 있는 이야기를 만들어야 하기 때문이다. 또한 재미를 추구한다는 점에서 웹소설과 비슷한 면도 있다.

장면을 구성하는 능력도 중요하다. 만화를 보면 네모 칸 안에 모든 내용이 똑같이 담기지 않는다. 어떤 컷에서는 여러 인물이 함께 등장하고, 다른 컷에서는 인물 하나가 칸 밖으로 튀어나오기도 한다. 이는 소설가가 강조하고 싶은 장면에 더 많은 문장을 쓰는 것과 비슷하다고 할 수 있다. 시각적인 면에서 각 컷을 어떤 식으로 표현해야 더 효과적으로 내용을 전달할 수 있을지에 대한 감각이 필요하다. 다른 스토리텔링 직업처럼 이야기하고자 하는 내용에 대한 자료 조사도 필수다.

만화가는 회차마다 밑그림 겸 스토리에 해당하는 콘티를 만들고 그림을 그린다. 이 작업은 예나 지금이나 비슷하다. 그러나 요즘은 과거와 달리 명암을 표현하거나 채색하는 일을 펜이나 붓 등을 이용한 수작업으로 하지 않는다. 대신 그래픽 관련 프로그램을 사용하는 경우가 많다. 특히 만화 잡지가 거의 사라지고 웹툰이 크게 성공하면서 더욱 그런 경향을 보인다. 디지털 작업으로 그림 그리는 시간을 단축할 수 있기 때문에 이런 프로그램을 다룰 줄 알아야 한다.

만화가가 되고 싶다면 만화애니메이션과 같은 만화 관련 학과로 진학하면 도움이 될 것이다. 해당 학과들에서는 스토리 작법, 연출 이론, 만화 기법 등을 배울 수 있다.

과거에는 유명 만화가의 어시스턴트나 문하생으로 들어가 도제식의 교육을 받고 공모전에 당선되거나 출판사와 계약해서 데뷔하는 경우가 많았다. 현재도 이런 식으로 데뷔하는 경우가 있지만, 웹툰 시장이 활성화되며 조금 달라졌다. 지금은 누구나 온라인상에 자신의 만화를 올리고 독자들에게 좋은 평가를 받으면 데뷔할 수 있다. 자신이 운영하는 SNS에 만화를 올려 독자의 관심을 끌기도 한다.

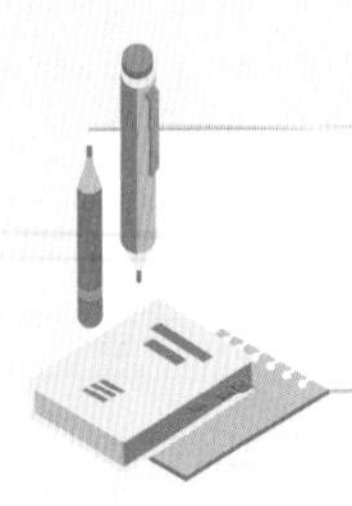

진로 찾기 기록관리전문가

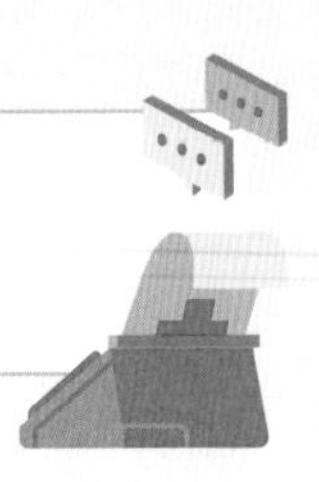

기록관리전문가는 기록물을 모으고 정리하는 사람이다. 사관들이 써내려 간 《조선왕조실록》을 떠올리면 쉽게 이해할 수 있을 것이다. 기록물은 당시 있었던 일들을 기록한 것이다. 누가 어떤 말을 했고, 그에 대해 어떤 반박이 있었으며, 어떻게 결론이 났는지 같은 내용이 적혀 있는 일종의 이야기이며, 현재진행형의 역사다. 기록관리전문가는 과거의 이야기가 담긴 자료를 다루는 직업으로, 누구보다 많은 스토리텔링을 접하는 사람이다.

기록관리전문가는 기록물을 넘겨받거나 기증받아 수집하고, 부족한 부분은 인터뷰를 통해 보완한다. 그런 뒤 기록관리기준표를 바탕으로 기록물의 보존기간을 설정하고 그 자료의 가치를 평가해 보존, 폐기한다. 기록물이 온전하게 보존될 수 있도록 서고의 온도와 습도를 조절하며, 영구 기록물의 경우에는 따로 보존 처리를 한다. 그리고 기록물 열람을 위해 데이터베이스를 구축하고 기록물의 내용을 바탕으로 상세 정보를 기술한다.

기록물은 그 자체로 역사가 된다는 점에서 중요하다. 지금의 기록물들은 오랜 시간이 지난 후 현재의 삶을 파악하는 연구 자료가 된다. 그런 기록물의 보존, 폐기 여부를 결정해야 하는 만큼 기록관리전문가는 역사나 행정에 대해 객관적인 안목을 가지는 것이 무엇보다 중요하다. 또한 기록물의 상세 정보를 기술해야 하므로 스토리텔링 능력 역시 필요하다.

기록관리전문가가 되고 싶다면 대학원에 진학해 기록물관리학을 공부하고 석사 학위 이상을 취득하면 된다. 대학원에 진학하는 대신 대학에서 역사학, 문헌정보학 학사 학위를 취득하고 행정안전부령으로 정하는 1년 과정의 기록관리 교육원에서 훈련받은 뒤 국가기록원에서 주관하는 자격 시험에 통과하는 방법도 있다. 공공기록물법에 따르면 공공기관에서는 필수적으로 기록관리전문가를 배치해야 한다. 기록관리전문가가 되면 중앙행정부처나 각종 공공기관에서 근무하게 된다.

현재는 공공기관에서만 일하고 있지만 앞으로는 기업체나 민간단체에서도 기록관리전문가를 필요로 하게 될 것이므로 전망이 좋은 직업이다. 기록물은 법적인 자료나 지식 관리라는 차원에서 매우 중요하기 때문이다.

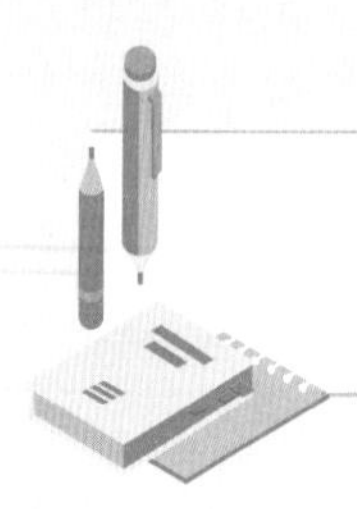

진로 찾기 **파워라이터**

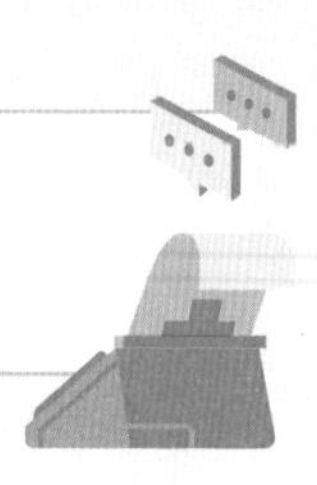

파워라이터는 자신이 속한 분야와 관련된 책을 꾸준히 써내고 일정 수준의 판매량을 올려 대중에게 영향을 미치는 사람이다. 특정한 직업이라기보다는 글을 계속해서 써나가는 사람이라고 이해하면 된다. 즉, 글쓰기의 노하우가 풍부한 사람이다.

파워라이터의 글은 쉽게 읽힌다. 그렇다고 쉽게 쓰는 것은 아니다. 파워라이터는 한 권의 책을 만들기 위해 엄청난 자료를 수집하고 읽으며, 그 내용을 쉽게 전달하기 위해 다양한 방법을 활용한다. 그중 하나가 스토리텔링이다. 파워라이터는 스토리텔링을 전문적으로 하는 사람은 아니지만, 이들의 글에는 공통적으로 스토리텔링이 있다. 스토리텔링은 사람을 끌어들이며, 정보를 전달하거나 상대를 설득할 때도 유용하기 때문이다.

글 작성이 끝나면 수없이 퇴고한다. 즉, 여러 번 생각해 고치고 다듬는 과정을 거친다. 주제가 잘 드러나는지, 예상 독자의 수준에 맞는지, 문장이 어색하지는 않은지 등을 생각하며 퇴고하고 또 퇴고해 마침내 읽기 좋은 글을 만들어 낸다.

파워라이터는 끊임없이 글을 쓴다. 다양한 독서와 경험을 통해 습득한 지식, 또는 불현듯 떠오른 것들을 메모해 두었다가 글에 풀어놓는다. 글을 쓸 때는 자신만의 독특한 문투를 사용한다. 누가 봐도 자신의 글임을 알아볼 수 있는 흔적을 남기는 것이다. 이를 위해 파워라이터는 좋은 글을 흉내 내는 연습이 필요하다. 단순히 베끼는 것이 아니라, 그 문장의 구조나 문체를 베껴 쓰고 연습하며 문장력을 키워 나가야 한다.

파워라이터가 되기 위해 해야 하는 일을 정리하면 다음과 같다.

1. 직간접적인 경험을 통해 자료를 수집한다.
2. 아이디어를 메모한다.
3. 창의력과 상상력을 발휘한다.
4. 사람들의 감성에 다가간다.
5. 말하고자 하는 바를 글 속에 분명히 담아낸다.
6. 많이 읽고, 쓰고, 퇴고한다.
7. 문장력을 기른다.

이런 노력은 비단 파워라이터에게만 필요한 것이 아니다. 스토리텔링을 하는 사람이라면 누구나 갖춰야 할 자질이기도 하다. 모든 글쓰기는 비슷한 능력과 방식을 요구하기 때문이다. 이 내용을 마음에 새겨 두고 꾸준히 글을 써나간다면 이 시대의 이야기꾼이자 파워라이터가 될 수 있을 것이다.

3장

기억에 남는 스토리텔링을 하려면

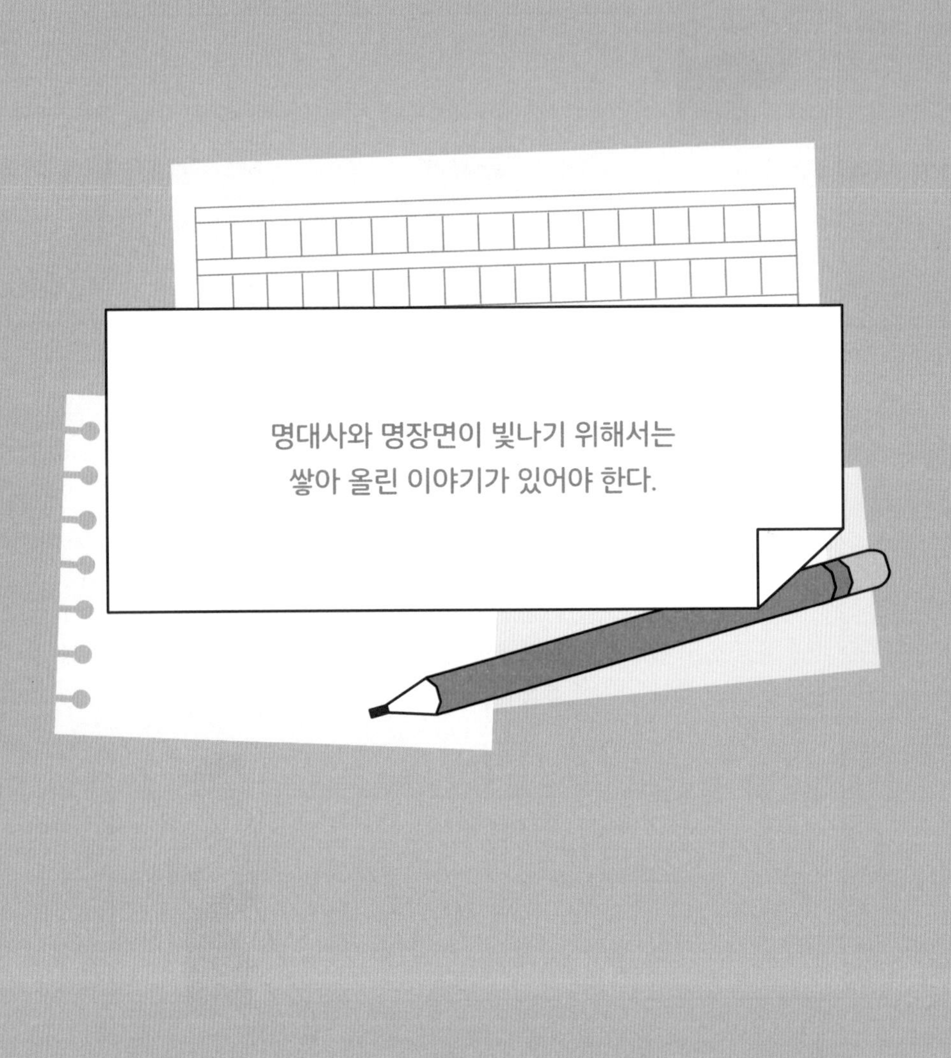
명대사와 명장면이 빛나기 위해서는
쌓아 올린 이야기가 있어야 한다.

이야기를 이끄는 사건 만들기

이야기의 큰 흐름을 생각해 두었다고 가정하면 두 가지 선택지가 생긴다. 시놉시스를 먼저 작성하고 그에 따라 이야기를 쓸 것인지, 일단 시작하고 나중에 시놉시스를 정리할 것인지다. 어떤 방법을 선택할지에 따라 장단점이 달라진다. 지금부터 살펴보자.

시놉시스를 먼저 쓰고 인물 움직이기

첫 번째는 스토리텔링의 가장 기본적인 방법이다. 이 방법의 장점은 무엇보다 이야기를 만들어 나갈 때 따라갈 수 있는 선이 잘 그어져 있다는 것이다. 큰 이야기가 제법 구체적으로 정해져 있기 때문에 거기에 맞춰서 인물을 움직이고 세부 묘사나 대사를 넣는 식으로 살을 붙여 나갈 수 있게 된다. 따라서 머릿속에 재미있는 이야기가 확실히 그려졌을 때 사용하면 좋다.

그러나 자칫하면 뻔한 이야기가 될 수 있다는 단점도 있다. 창의적인 아이디어가 바탕이 되지 않는다면 조심해야 한다. 판에 박은 듯 똑같은 구성의 영화나 소설이 그런 경우다.

이 방법의 또 다른 단점은 이야기를 만들어 나가는 재미가 떨어진다는 것이다. 글 쓰는 내가 이미 결말을 알고 있고, 그 과정에서 인물이 어떻게 행동할지 알기에 그렇다. 이는 어찌 보면 큰 단점인데, 이야기를 만드는 사람 입장에서 자기 이야기가 얼마나 재미있는지 가늠하기 어렵기 때문이다.물론 숙련된 이야기꾼에게는 해당하지 않는 문제다. 그래서 이야기를 만드는 과정에서도 중간중간에 '이게 맞는 건가? 괜찮은 이야기가 되어 가는 걸까?' 하는 생각이 들면서 스트레스를 많이 받게 되고, 제대로 뭔가를 해보기도 전에 좌절하게 될 수도 있다. 특히 장편을 쓸 때는 더욱 그렇다.

따라서 아직 이야기를 만드는 데 익숙하지 않다면, 시놉시스를 먼저 작성하는 방법은 충분히 습작한 후에 시도하는 편이 좋다.

인물을 움직인 다음 시놉시스 쓰기

이제 스토리텔링을 시작하는 여러분에게는 두 번째 방법을 추천한다. 스토리텔링을 잘하기 위해서는 무엇보다 많이 경험하고, 많이 읽고, 많이 써보는 것이 가장 중요하다. 그중 많이 써보게 만드는 것이 바로 이 방법이다.

대략의 큰 흐름을 잡고, 미리 만들어 둔 인물을 이야기 속에 배치한 뒤 그들이 자신의 욕망을 좇아 움직이게 하는 식이다. 앞에서 살짝 살펴봤지만, 그 과정에서 인물들이 서로 부딪치기도 하고 협력하기도 하면서 자연스럽게 이야기가 만들어진다.

무엇보다 큰 장점은 이야기를 재미있게 써나갈 수 있다는 것이다. 이야기 속에서 인물이 자기 욕망에 따라 직접 움직이기 때문에 그다음 행동이 어떻게 될지 글을 쓰고 있는 입장에서도 궁금해진다.

이 방법을 활용하면 일단 이야기를 시작할 수 있다. 그것도 쉽고 빠르게 말이다. 초보 작가가 첫 번째 방법으로 시작할 경우 전체 줄거리를 만드는 작업이 재미없다고 느끼거나 이야기 전개가 힘들다는 생각이 들기 쉽다. 그러다 제대로 된 이야기를 써보지도 못한 채 그 단계에서 포기하게 되는 경우도 많다. 그러나 이 방법은 이야기가 어떻게 흘러가든 일단 진행할 수 있다. 이야기 만들기에 제대로 발을 담가 볼 수 있는 것이다.

마지막으로 미처 생각지 못한 기발한 내용이 나올 수 있다는 장점도 있다. 내가 의도한 방향의 결과가 아니라 이야기 속 인물의 행동에 대한 결과를 써가는 방법이기 때문에 뻔하지 않은 새로운 내용이 나올 수도 있는 것이다. 이 방법을 사용할 때는 '이제 어떻게 되지?' 하는 생각을 끊임없이 하게 될 것이다.

물론 단점도 있다. 큰 흐름과 인물의 설정에만 기대서 진행하기 때문에 내용이 산으로 갈 수 있다는 점이다. 즉, 원래 가려던 방향을 잃어버리고 곁가지에서 맴돌게 될 수도 있는 것이다. 그러나 이런 부분이 생길 경우 고민해서 걷어 내면 된다. 오히려 곁가지 쪽이 더 매력적이라면, 이야기의 방향을 틀거나 다른 이야기를 만들어 볼 수도 있으니 괜찮다.

일명 '막장증후군'에 빠질 수 있다는 단점도 있다. 인물의 행동을 중심으로 따라가다 보니 인물의 관계가 꼬이고 또 꼬이며, 반전을 여러 번 거듭하게 되면서 이야기가 복잡해질 수 있는 것이다. 그러다 설정 자체도 만신창이가 되어 버리기도 한다. 그렇기 때문에 중간중간에 처음 만들어 둔 인물의 설정을 다시 살펴보고, 해당 사항들이 틀어지지 않도록 잘 고려하면서 이야기를 진행시켜야 한다. 무엇보다 중요한 것은 '일단 이야기를 써야 한다'는 사실이다. 이렇게 설명해 놓은 것만으로는 잘 이해되지 않는 부분도 있을 것이다. 이와 관련된 내용은 4장에서 다시 알아보자.

이제 이야기를 어떻게 구성할지에 대해서 생각해 볼 차례다. 크게 장편과 단편으로 나누고 각각의 구성 방식을 다루어 보겠다.

장편의 다양한 이야기 구성 방식

드라마, 장편소설, 웹소설, 웹툰 등을 장편이라고 부를 수 있다. 이야기가 긴 만큼 작은 사건도 많고 등장인물도 많다. 장편에서 많이 쓰이는 이야기 구성 방식을 살펴보자.

(1) 에피소드가 이어지지 않는 방식

먼저 여러 에피소드가 서로 잘 이어지지 않고 나열되는 방식이다. 이때 각 에피소드는 독립성을 가지고 있다고 보면 된다. 즉, 각 에피소드는 전체 이야기의 흐름에서 있어도 그만 없어도 그만인, 그 자체로 완결되는 이야기다.

이야기가 진행되면서 쌓인 설정이 이후의 에피소드에 영향을 미치기도 한다. 그러나 대개 그 영향은 미미한 편이다. 물론 인물의 설정 자체가 바뀌는 에피소드같이 크게 영향을 미치는 경우도 간혹 있다.

이 방식은 이야기의 큰 흐름은 따로 존재하지 않고, 1회차 또는 2~3회차에 걸쳐서 하나의 완결된 이야기로 끝난다는 점에 유의하자. 장편소설이나 웹소설에서는 잘 쓰이지 않는 방식이고, 드라마의 경우 시트콤에서 자주 나타난다. 매 회차에서 시트콤의 여러 인물 중 특정 몇 명을 중심으로 해서 그들이 겪는 사건을 보여 주는 식이다.

<거침없이 하이킥>2006~2007이나 <빅뱅이론>2007~2019을 떠올려 보면 쉽게 이해가 갈 것이다. <빅뱅이론>에는 쉘든, 레너드, 라지, 하워드, 페니라는 여러 중심인물이 있다.

예를 들어 쉘든과 레너드가 중심이 되어 사건이 벌어지면 나머지 인물은 그 사건에 양념을 치는 정도거나 크게 관여하지 않는다. 다음 회차에서 또 다른 누군가가 중심인물이 되면 나머지

인물은 역시 마찬가지 방식으로 움직인다. 그리고 새로운 회차에서는 지난 회차에서 있었던 사건이 아예 언급되지 않거나 지나가는 이야기 수준으로 언급되곤 한다.

웹툰에서는 개그물이나 생활형 이야기에서 종종 나타난다. <갸오오와 사랑꾼들>, <선천적 얼간이들> 같은 작품이 그 예다.

(2) 에피소드 사이에 큰 사건이 존재하는 방식

이 방식은 (1)과 다르게 이야기 전체를 관통하는 목표가 있다. 다만 그 목표에 닿기까지의 과정을 에피소드 방식으로 구성해 놓는다. 에피소드 하나하나가 완결된 형태로 끝나기는 하지만, 전체 이야기에 영향을 미치는 에피소드가 사이사이에 끼어 있다.

이 방법 역시 드라마나 만화에서 많이 볼 수 있는데, 특히 추리물에서 많이 쓰인다. 대표적인 예로는 드라마 <로스트>2004~2010의 초반 시즌과 <멘탈리스트>2008~2015가 있다.

<멘탈리스트>는 범죄심리수사물로 레드 존이라는 연쇄살인마를 찾아가는 큰 흐름을 따라 진행된다. 그 안에서 매번 새로운 사건이 발생하고 그 사건을 해결하는 에피소드로 이루어져 있다. 각 에피소드는 레드 존과 관련이 있기도 하고 없기도 하다. 그와 관련 없는 범죄가 일어나는 에피소드는 전체 이야기 흐름으로 보자면 있으나 없으나 크게 상관없는 내용이다. 그 사건 자체만으로 시청자에게 재미를 준다. 그러나 레드 존을 흉내 낸 모방범

의 범죄나 정말 레드 존이 저지른 범죄가 나오는 에피소드도 있다. 이 경우는 전체 이야기의 흐름에 영향을 미치는 중요한 에피소드다. 큰 줄기는 레드 존을 잡는 것이지만, 다양한 사건을 에피소드 형식으로 배치함으로써 드라마 분량을 늘릴 수 있다.

만화 중에서는 《명탐정 코난》 같은 작품이 여기에 해당한다. 이야기의 큰 목표는 어린아이의 모습이 되어 버린 코난남도일이 본 모습으로 돌아가는 것이지만, 그 와중에 다양한 사건이 발생하고 매번 코난이 사건을 해결하는 식으로 에피소드들이 쭉 진행된다. 그러다 코난을 어린아이로 만든 검은 조직과 관련된 에피소드가 나타나기도 한다.

(3) 큰 사건 사이에 작은 사건들을 넣는 방식

장르 불문 대부분의 장편이 사용하는 방식이다. 따로 예시 작품을 들 필요가 없을 정도다. 중심이 되는 큰 이야기가 있고 대부분의 내용은 여기에 집중이 된다. 그러나 큰 이야기만 보여 주고 끝내면 분량도 채우기 어렵고 재미를 느낄 만한 요소도 줄어들게 된다. 그렇기 때문에 큰 이야기를 따라가는 중에 작은 이야기를 채워 주는 식이다.

어떻게 보면 (2)와 비슷해 보이지만 중심이 되는 부분이 무엇인지가 다르다. (2)에서는 각 에피소드가 중심이다. 즉, 에피소드들을 나열하는 방식이 주가 되고 거기에 큰 이야기를 끼워 넣는 식으로 이야기를 끌고 간다. 그러나 (3)의 방식은 큰 이야기가 중심이고 그 사이사이에 에피소드를 넣는 식이다.

만화 《원피스》에서 주인공 루피는 '원피스'를 찾고 해적왕이 되기 위해 길을 나선다. 그 과정에 동료를 얻거나 강적과 싸우는 사건이 일어난다. 이 사건들은 대부분 큰 이야기의 흐름을 위해 꼭 필요한 내용이다. 그런데 때로는 큰 흐름과 관계없이 도착한 장소의 문제만 해결하기도 한다. 이 경우는 곁가지 에피소드라 할 수 있다.

큰 사건에 집중하는 단편

연속성을 가지는 회차의 유무를 기준으로 본다면 영화나 단편소설 등이 단편에 해당한다. 장편에 비해 길이가 짧고 사건이 적다. 그 때문에 대부분의 단편은 자잘한 사건보다는 큰 사건 하나에 집중한다.

그러나 단편만으로도 웹툰 연재나 드라마 방영을 할 수도 있다. 웹툰 <기기괴괴>가 그 좋은 예다. <기기괴괴>는 기이한 이야기들에 각각 소제목을 달아서 연재하는 방식이다. 에피소드가 나열되는 방식의 장편이 아니냐고도 할 수 있지만 다르다. 장편이 에피소드가 나열되는 방식일 경우에는 등장인물이 일정하고 또 그들 주변에서 일어나는 사건을 다루는 것이지만, <기기괴괴>에서는 각각의 에피소드가 서로 완전히 다른 이야기이며 등장인물도 다르다. 물론 각 이야기의 세계관이 같고, 때로 앞선 이야기에 등장했던 인물이 다시 나오기도 하지만, 그 이야기들 사이에 연속성이 없다. 각각의 단편이 모두 기이한 무언가를 다룬다는 공통점이 있을 뿐이다. 이런 방식을 택한 드라마로는 <환상특급: 트와일라잇 존>1959~1965, <어메이징 스토리>1985~1987 같은 것이 있다. 역시 서로 다른 기이한 이야기를 모아 놓은 경우다.

사건의 다섯 가지 방향

본격적으로 사건을 진행시키려면 먼저 이야기의 시작을 언제, 어디서, 누구를 중심으로 할 것인지 정해야 한다. 그런 뒤에 초반부는 인물들을 소개하는 단계로 잡아 주고, 그 후에는 사건을 일으킨다. 이는 시놉시스를 먼저 쓰든 인물을 먼저 움직이든 필요한 작업이다. 어느 쪽이든 이야기를 끌고 나갈 사건을 만드는 것이니 말이다.

인물 설정 단계에서 만든 인물들을 이제 무대 위에 세우자. 모든 인물에게는 욕망이 있다. 그 욕망은 다른 인물이나 세계와 부딪치기 마련이다. 그것이 바로 갈등이고, 사건이 될 것이다. 갈등하고, 위기를 겪고, 극복하는 과정을 보여 주자.

인물의 욕망이 충족되면 이야기는 끝일까? 이제 생각해 보아야 한다. 욕망이 해결되며 만족한다면 이야기가 완결되겠지만, 인물에게 새로운 욕망이 생긴다면 다시 움직이고 갈등하게 될 것이다.

사건의 방향을 결정하는 것은 이야기의 큰 흐름과도 관계가 있다. 크게는 이야기의 과정 측면과 결과 측면으로 나뉜다. 과정 측면에서는 이야기의 전개가 흔히 말하는 고구마 또는 사이다로 나뉠 것이다. 결과 측면에서는 인물의 욕망이 충족되었느냐, 아니면 좌절되느냐가 될 것이다. 어떤 방향이든 자신의 이야기를 만날 독자를 염두에 두고, 미리 생각한 다음 써나가는 것이 좋다.

이야기 중간에 욕망이 충족되거나 충족되지 못했다면 이후의 이야기에 영향을 미치는 뭔가가 만들어진다. 그리고 이야기 끝에서 인물이 바라던 것을 얻었다면 행복한 결말, 좌절했다면 안 좋은 결말이 된다. 행복한 결말이라도 인물이 뭔가를 잃음으로써 그 결말을 얻기도 한다.

(1) 주인공이 모든 문제를 해결하는 통쾌한 전개

인물의 모든 문제가 순조롭게 해결되어 나갈 수 있다. 흔히 말하는 사이다 전개다. 웹소설이나 웹툰에서 많이 보이는 방식인데, 요즘 트렌드가 고구마 전개를 좋아하지 않는 쪽이다 보니 인기 있는 방식이기도 하다. 즉, 무슨 일이든 척척 해결해 내는 주인공을 보면서 통쾌함을 느낄 수 있는 전개다. 인물의 능력이 아주 뛰어나 대적할 상대가 없는 경우가 많고, 이야기의 무게감은 가벼운 편이다.

예를 들면 '어떤 적이든 펀치 한 방에 끝낼 수 있는 주인공'이 나오는 《원펀맨》이라는 만화가 있다. 그리고 '영웅은 적과 싸울 때 위기에 몰린 후 필살기를 써서 적을 무찌른다'는 클리셰를 완전히 뒤집어서 '적과 만나자마자 필살기를 써서 적을 무찌르는' <비밀결사 매의 발톱단>2007의 '디럭스 파이터' 같은 인물도 있다. 웹툰 <참교육>에서는 답답한 학교폭력 문제를 가상의 제도와 강력한 인물을 통해 독자가 원하는 방향으로 해결해 버리는 모습을 보여 준다.

이런 방식은 시원시원하게 문제가 해결되기 때문에 작품을 보면서 답답해할 필요가 없고 가려운 부분도 잘 긁어 준다. 그러나 같은 패턴에 매몰되어 뻔한 전개가 될 수 있기 때문에 주의해야 한다. 소재나 사건 전개에 대한 고민이 필수다.

(2) 위기와 고난이 반복되는 전개

어떤 문제를 해결하면 또 다른 문제가 주어지는 방식으로, 드라마나 능력 배틀물에서 자주 쓰인다. 특히 '고귀한 혈통 또는 비정상적 출생 → 비범한 능력 → 첫 위기 → 조력자의 도움 → 위기 → 극복 → 업적 달성'의 영웅 서사 구조에서 많이 나타나곤 하는데, 요즘은 몇몇 요소가 생략되기도 한다. 이런 방식을 쓰는 대부분의 작품에서는 영웅 서사 구조의 '위기와 극복'이 반복된다.

대표적인 예로 《드래곤 볼》을 들 수 있다. 주인공 손오공은 프

리저, 셀, 마인부우 등 계속해서 나타나는 더 강한 적을 상대해 나간다. 이 방식으로 전개할 경우 등장인물은 계속해서 위기에 몰린다. 독자는 과연 인물이 이 위기를 잘 극복할 수 있을지 마음 졸이며 지켜본다. 더 큰 위기가 주어질수록 작품이 주는 긴장감이 높아진다. 이 방식을 쓸 경우 반드시 중간중간 그 문제가 해결되는 장면, 즉 사이다를 준비해야 한다.

이 구조는 오래전 인간이 처음 이야기를 만들었을 때부터 존재해 온 만큼 누구에게나 재미를 줄 수 있다. 다만 점점 더 어려운 시련과 위험한 위기가 찾아오는 만큼 내용이 산으로 가버릴 위험이 있다. 따라서 초기 설정을 잘 해놓아야 하고, 위기의 패턴을 다양하게 준비해야 한다. 그렇지 않으면 개연성 없는 전개로 막장이라는 오명을 쓰게 되거나, 지루한 전개로 독자들이 떠나버릴 수 있기 때문이다.

(3) 갑작스럽게 사건을 전환하는 전개

사건 전개의 정석은 아니지만 더 흥미진진한 이야기가 생기도록 전개 방향을 비트는 방법도 있다. 이 방법은 특히 시놉시스 없이 글을 쓸 때 더 빛을 발한다. 계획에 없던 새로운 사건을 만드는 것이기 때문이다. 시놉시스를 먼저 작성한 뒤에 글을 쓸 때는 이 방법을 잘못 적용하면 원래의 흐름이 크게 망가져 버릴 수도 있다. 그럼에도 이야기 전개에 새로운 기운을 불어넣을 수 있기 때문에 시도해 볼 만한 가치는 있다.

이야기를 만들다 보면 조금 답답해질 때가 있다. '너무 무난하게 전개되는 건 아닌가?' 또는 '뭔가 정신이 번쩍 들 만한 요소는 없을까?' 같은 생각이 드는 것이다. 그럴 때 이 방법을 활용하면 좋다. 다음 예문에서 하나를 골라 이야기 중간에 끼워 넣어 보자. 이야기에 새로운 바람이 불어 올 것이다. 물론 스스로 생각해서 추가해도 좋다. 괄호 부분은 참고할 만한 예시다.

---

① 새로운 인물의 등장

- 복수를 위해 나타난 인물(예전에 내가 던진 돌에 맞아 죽은 개구리의 아버지가…), 우연히 사건에 휘말린 인물(삼각김밥을 사러 나왔다가 범죄 행각을 보게 된 사람), 모른 척할 수 없어서 끼어든 인물(일단 뭔가 일이 있으면 끼어들고 보는 일명 '오지라퍼'), 설정에 없던 혈연관계(내가 네 아빠다!), 아주 위험한 존재(내가 예전에 배신했던 반미치광이인 동료가 출소했다) 등

② 새로운 사실이 밝혀짐

- 알고 보니 죽을 병(뭐, 내가 암이라고?), 알고 보니 나쁜 사람(좋은 사람인 줄 알았는데 전과 10범), 알고 보니

천재(9,007,199,254,740,991이 1과 자신만으로 나누어지는 소수라는 건 딱 보면 알 수 있지), 지연·혈연·학연(우리가 남매라니), 잘못된 해결(그 사람은 진범이 아니었어) 등

③ 심경의 변화

- 배신(널 사랑하지 않아 또는 이 돈은 우리가 가져간다), 양심(아무리 그래도 동물을 죽일 순 없어), 겁에 질림(나 너무 무서워, 이러다 다 죽어), 적과의 사랑(우리 팀의 계획 따위 아무래도 좋아, 너만 있으면 돼), 신앙(이런 상황은 말이 안 되니 믿을 건 종교밖에 없다) 등

④ 갑작스럽거나 충격적인 전개

- 폭주(인생 뭐 별거 있나), 반전(내가 무릎을 꿇은 것은 추진력을 얻기 위함이었다), 운(로또 1등), 죽음(주요 인물의 죽음 또는 살인), 망침(완벽한 계획의 실패 또는 엉터리 계획의 성공) 등

⑤ 불안 요소

- 작은 실수가 큰 재앙으로(제대로 조여지지 않은 F1 머신의 나사 또는 담배꽁초의 불씨 등), 두려움이 현실로(시험에 이 문제만 안 나오면 돼), 자기파괴적 성향(도박은 못 참지), 문제 해결에 지나치게 몰입한

상황(사건 해결에만 신경 쓰느라 가족에게 닥쳐온 위험을 모름), 숨긴 물건(훔친 다이아몬드가 경찰 또는 적의 손에 들어감) 등

⑥ 그 외 사건을 꼬아 볼 수 있는 것들

- 혼란, 고통, 피해, 승부, 탐욕, 법, 재난, 기회, 운명, 비극, 추격, 차별, 보스, 행방불명, 기이함, 통제, 다른 인물 또는 사건과의 연계성, 제멋대로, 우유부단, 회피, 불화, 선택, 단절, 포위 등

---

(4) 사건이 꼬이고 꼬여서 파국에 이르는 전개

뭘 해도 안 풀리는 '엉망진창' 상황으로 전개하는 방식이다. 이 방식은 쿠엔틴 타란티노 감독의 영화에서 잘 나타나는데, 사건이 꼬이고 꼬여서 결국은 파국을 맞게 되는 형태다. 인물의 행동은 자꾸만 다른 인물과 부딪치고, 그로 인해 서로 갈등하게 되고, 그 결과로 다시 불화나 개싸움이 이어진다. 이런 일이 반복되면서 결과적으로는 승자가 없는, 또는 의외의 인물만 이득을 보고 나머지 모두가 만신창이가 되어 버리며 끝난다.

글을 쓰는 입장에서는 이 사건의 결과가 어떻게 될지 걱정할 필요가 없다. 모두가 상처 입고 망가져 버리면 되기 때문이다. 대신 그 과정, 즉 갈등을 재미있게 그리는 것이 중요하다. 독자의

입장에서는 누군가의 파멸을 지켜보는 것도 꽤 재미있는 일이기 때문이다. 같은 고구마라도 김치를 곁들여 먹는 고구마가 훨씬 맛있는 것처럼 이왕 망가질 거라면 화끈하게, 뒤돌아보지 않고 앞으로만 달려 나가 꿈도 희망도 모두 사라질 정도로 망가지는 모습을 곁들여 주는 것이다.

예를 들어 부정한 방법으로 부를 축적한 악덕 기업의 총수가 몰락하는 과정을 그린다면? 또는 온갖 악행만 일삼는 뒷골목 갱들의 피바람 이는 전쟁과 몰락을 그린다면? 분위기나 그려 내는 방법에 따라 경쾌한 액션이 되거나 블랙 코미디 또는 무거운 느와르가 되겠지만 어떤 형태든지 아주 흥미진진할 것이다.

블랙 코미디와 누아르

블랙 코미디는 어둡고 잔혹하며 통렬한 풍자를 바탕으로 하는 희극이다. 고통이나 죽음 같은 비극적 상황에서 웃음을 유발하는 것이 특징이다. 누아르는 도덕적 모호함에 초점을 맞춘 범죄와 폭력 이야기를 가리킨다.

(5) 비극을 활용한 전개

비극은 이야기의 전개가 점점 안 좋은 방향으로 흘러가는 방식이다. 비극과 밀접한 용어로는 '카타르시스'가 있다. 아리스토텔레스의 《시론》에 따르면, 비극에서 나타나는 인물의 비참한 모습을 보면서 독자의 마음에 두려움과 연민의 감정이 격렬하게 생겨난다. 그 과정에서 독자의 마음에 쌓여 있던 감정이 안전하게 해소되고 순화되는 일을 카타르시스라고 한다. 그런 점에서 볼 때, 비극은 독자의 마음을 가장 잘 움직이는 방식이다.

비극은 일이 제대로 해결되지 않고 꼬인다는 점에서 (4)와 비슷하지만 분위기나 전개 속도가 확연히 다르다. (4)에서는 빠른 속도감과 함께 외적인 파괴가 주가 된다면, 비극은 전개 속도가 느리고 내적인 파괴가 기본이다. 즉 (4)에서 초점을 맞추는 부분이 외부로 드러나 있는 재물이나 신체가 망가지는 것이라면, 비극에서 초점을 맞추는 부분은 인물의 내면이 망가지면서 만들어지는 괴로움과 슬픔인 것이다.

비극 역시 역사가 오래되었다. 그만큼 안정적인 전개가 이루어질 수 있다는 장점이 있다. 행복한 일상을 살고 있던 인물이 점점, 조금씩 안 좋은 상황에 처하게 되고 슬픔에 빠지는 모습은 우리가 많은 작품에서 보던 것이다. 비극을 쓴다면 이 공식을 그대로 따라가면 된다. 다만 인물의 감정선이 잘 드러나도록 사건과 상황을 보여 주는 데 주의를 기울여야 한다.

인물의 비중 정하기

사건의 방향을 잡았다면 이제 그 안에서 인물의 비중을 정하도록 하자. 주연, 조연, 그 외 인물들에 어느 정도의 분량을 할애할지 미리 생각해서 나누어 두는 것이다. 영화나 드라마에서 카메라가 어떤 인물을 얼마나 많이 잡는가를 생각하면 된다.

먼저 주요 인물부터 확실히 정하도록 한다. 그런 다음 조연의 비중도 생각해야 한다. 《삼국지연의》라면 관우, 장비 같은 사람들이 조연이다. 이들이 이야기 속에서 차지하는 비중은 주인공 유비가 차지하는 비중보다는 적어야 한다. 그러면 인물들에게 100을 기준으로 차지할 비중을 나누어 주자. 유비의 활약이 확실히 두드러지게 하고 싶다면 유비 60, 관우 20, 장비 20 정도가 될 것이다. 그러나 유비를 주인공으로 하되 그를 돕는 의형제의 활약상을 두드러지게 하고 싶다면 유비 40, 관우 30, 장비 30 정도가 될 것이다.

만약 장편으로 이야기를 이끌어 간다면 매 회차를 쓰기 시작할 때 그 안에서의 비중도 다시 생각해 두자. 그러면 이야기가 중심을 잃지 않는 데 많은 도움이 될 것이다.

멋진 명대사와 명장면 만들기

좋은 이야기라면 명대사, 명장면이 빠질 수 없다. 사람들의 기억에 남을 만한 명대사나 명장면은 인터넷에서 유행하는 언어나 창작물인 '밈'으로 만들어져 더 많은 사람에게 알려진다.

명대사 중에는 재미있는 것도 있고 이야기의 주제를 관통하는 교훈 같은 것도 있다. 그리고 명장면은 명대사와 함께 만들어지기도 하고 인물의 행동만으로 만들어지기도 한다. 명대사와 명장면은 어떻게 탄생할까?

만화 속 명대사와 명장면

명대사, 명장면의 예를 보도록 하자. 여기서는 《슬램덩크》와 《원피스》에서 한 가지씩만 다뤄 보겠다.

"왼손은 거들 뿐…." (그리고 하이파이브하는 장면)

-《슬램덩크》

《슬램덩크》는 농구 만화다. 앞의 대사는 경기 중 주인공 강백호와 서태웅이 속한 팀이 1점 차로 뒤지고 있는 장면에서 나온다. 경기 종료까지 1초를 남긴 상황, 서태웅이 역전을 위해 슛을 하려 하자 상대 선수 두 명이 이를 막기 위해 뛰어오른다. 그때 강백호가 중얼거린다. "왼손은 거들 뿐…." 농구 초보인 강백호가 슛에 대해 배우면서 들었던 말이다. 그리고 강백호는 실제로 그렇게 슛을 수천 번 연습했다.

사실 두 사람의 사이는 좋지 않다. 그러나 강백호가 노마크 찬스인 것을 안 서태웅은 강백호에게 패스한다. 강백호는 그걸 받아 그대로 슛을 한다. 모두의 시선이 집중된 가운데 슛은 성공하고 동시에 경기 종료령이 울린다. 버저비터경기 종료를 알리는 버저 소리와 함께 들어간 골로 역전에 성공한 것이다.

그런 뒤 서로에게 다가서는 강백호와 서태웅. 여기가 바로 90년대 만화에 나왔던 장면임에도, 지금까지 밈으로 쓰이거나 패러디되는 그 장면이다. 만화책 두 페이지에 꽉 차게 두 사람이 채워지고, 둘은 아주 강하게 서로의 손바닥을 마주친다. 이 장면이 의미하는 바는 다들 짐작할 수 있을 것이다.

《원피스》는 주인공인 루피가 해적왕이 되기 위해 나아가는 여정을 그린 만화다. 루피는 다양한 동료와 함께하게 되는데 그중에는 의사인 쵸파가 있다. 쵸파에게는 아버지와도 같은 닥터 히루루크라는 사람이 있다.

닥터 히루루크는 원래 불치병에 걸린 도둑이었다. 수많은 명의를 찾아갔지만 그의 병은 고칠 수 없었다. 그러다 우연히 어느 숲에서 만개한 벚꽃의 아름다움에 빠져들어 깊은 감동을 받은 뒤 병이 치유되었다. 기적이 일어난 것이다. 그 후 그는 세상에 불치병은 없다는 확신을 가지고 의사로서의 삶을 살아가기로 한다.

닥터 히루루크는 왕의 폭정 때문에 병든 국민의 마음을 치료해야 한다고 생각한다. 그래서 항상 눈이 내리는 드럼 왕국에도 자신의 병을 치료했던 '기적의 벚꽃'이 피어나도록 하기 위해 연구해 나간다. 그러나 의술에 대한 지식이 거의 없었기에, 사람들에게 돌팔이 의사로 취급받는다. 그러다 그는 총상을 입고 쓰러져 있는 푸른 코의 순록을 발견해서 치료해 준다. 그리고 쵸파라는 이름을 지어준 뒤 같이 살아가다 자신의 수명이 얼마 남지 않았음을 깨닫고 쵸파를 내쳐 버린다.

이후 괴팍하지만 실력 있는 의사인 닥터 쿠레하의 도움으로 조금 더 살 수 있게 된 닥터 히루루크는 자신이 하던 연구를 끝내기 위해 남은 삶을 모두 쏟아붓는다. 그런데 어느 날 쵸파가 약이라며 버섯을 들고 온다. 쵸파는 몰랐지만 그 버섯에는 독이 있었는데, 닥터 히루루크는 독버섯인 것을 알면서도 그 버섯으로 수

프를 끓여 먹는다. 그러면서 의사가 되고 싶다는 쵸파의 착한 마음을 칭찬하고 안아 준다.

이제 정말 죽을 일만 남은 닥터 히루루크는 왕국의 의사를 모두 없애려는 국왕의 함정에 빠지고 만다. 거기서 다음의 명대사를 남긴다.

"사람이… 언제 죽는다고 생각하나…?
심장 깊숙이 총알이 박혔을 때? 천만에!
불치의 병에 걸렸을 때? 천만에!
독버섯으로 만든 스프를 마셨을 때? 천만에!
사람들에게… 잊힐 때다…."
-《원피스》

이 대사와 함께 죽음을 택하는데, 이후 드럼 왕국에 정말로 벚꽃이 날리기 시작한다. 돌팔이 의사였지만 환자를 살리고자 하는 마음은 누구보다 강했던 그의 연구가 마침내 성공한 것이다.

명대사와 명장면이 빛나는 이유

명대사, 명장면은 그냥 만들어지는 것이 아니다. 그것이 빛나려면 쌓아 올린 이야기가 있어야 한다.

명대사, 명장면을 만들기 위해서는 인물, 그리고 인물 간의 관계가 중요하다. 재미있는 사건을 만들기 위해 인물이 중요했던 것과 마찬가지다. 그동안 쌓아 올린 갈등이 해소될 때, 그리고 거기에 멋진 장면과 대사가 얹어졌을 때 명대사와 명장면이 만들어지는 것이다.

앞에서 다룬 《슬램덩크》의 경우는 명장면에 가깝다. 그동안 쌓아 올린 설정이 바탕이 되었기 때문이다. 또한 가장 극적인 상황에 맞는 하이파이브라는 연출도 들어갔기 때문에 독자에게 감동을 주는 명장면이 만들어진 것이다.

이번에는 《원피스》를 보자. 앞서 소개한 예는 명대사에 가깝다. 작가가 이야기에서 말하고자 하는 바가 인물의 대사를 통해 드러나게 되는 경우다. 간단히 말하자면 '주제를 관통하는 대사'라고 할 수 있다. 닥터 히루루크는 실력 없는 의사지만 누구보다 사람을 살리고자 한다. 쵸파도 의학적 지식은 없지만 어떻게든 닥터 히루루크를 살리고 싶어 독버섯을 건넨다. 여기서 일단 둘의 모습이 닮아 있다는 걸 알 수 있다.

이들이 처한 상황은 의술을 권력으로 이용하는 사회다. 사람을 살리는 고귀한 행위를 하나의 '수단'으로 취급하는 사회, 즉 의술의 정신이 결여된 곳이다. 실력 없지만 마음은 올바른 의사와 실력은 있지만 마음이 바르지 않은 의사와 사회. 이는 다분히 의도적이고 극단적인 설정인데, 그 덕에 이야기가 말하고자 하는 바를 오히려 더 확실하게 있는 그대로 보여 주는 장치가 된다.

인물의 특징과 관계	
강백호	서태웅
농구 초보	농구 천재
성장해 나감	오만함
농구에 대한 근거 없는 자신감	강백호의 실력을 신뢰하지 않음
둘 사이에는 갈등이 존재함	

↓

사건 / 상황
경기 종료 직전 1점 차로 팀이 뒤지고 있음 / 긴박한 상황
서태웅이 슛을 하려 하자 두 명의 선수가 막아 섬 / 혼자 해결할 수 없는 위기
서태웅의 눈에 강백호의 노마크 찬스가 보임 / 위기 극복의 가능성, 실패 가능성 존재
강백호는 "왼손은 거들 뿐…"이라고 중얼거림 / 성공 가능성을 보여 줌
강백호에게 서태웅이 공을 패스함 / 위기 극복을 위한 행위가 이루어짐, 서태웅의 선택, 서태웅의 강백호에 대한 신뢰
강백호의 슛 / 슛의 순간을 여러 장면으로 나누어 긴장감 극대화
득점과 함께 시합 종료를 알리는 소리 / 위기 극복 성공, 부족한 인물의 성공, 서태웅의 신뢰에 대한 강백호의 증명
둘 사이의 하이파이브 / 갈등 해소

《슬램덩크》의 명장면이 만들어지기까지

인물	행위 / 의미
닥터 히루루크	불치병을 기적의 벚꽃으로 고친 경험을 통해 사람들의 병을 치료하는 의사가 되기로 함 / 인물의 목표가 생김
	의학적 지식이 부족해 돌팔이 의사 취급을 받음 / 인물의 마음과는 다른 현실
	폭정으로 인해 의사가 부족한 왕국 / 의술을 권력 유지를 위한 수단으로 이용하는 부정적인 현실
	기적의 벚꽃을 만들기 위해 연구 / 부족한 능력이지만 최선을 다함
	자신의 죽음이 다가오자 쵸파를 떠나보냄 / 따뜻한 마음을 가지고 있음
	국왕의 전속 의사들이 모두 쓰러졌다는 소문을 듣고 그들을 치료하기 위해 달려감 / 자신의 목숨이 위험하더라도 의사로서의 마음가짐을 잊지 않음
	명대사 후 죽음, 그리고 왕국에는 기적의 벚꽃이 피어남 / 의사로서의 진정한 마음가짐이 있다면 모두에게 기억될 것임을 보여 줌
쵸파	독버섯을 치료약인 줄 알고 닥터 히루루크에게 건넴 / 의학적 지식이 부족하지만 마음만은 진정한 의사였던 닥터 히루루크와 비슷한 모습을 보임
	실력 있는 의사 닥터 쿠레하의 마음을 움직이고 그녀에게 의술을 배움. 루피의 일행이 되어 자신의 의술로 사람들에게 도움이 됨 / 닥터 히루루크에게 배운 의사로서의 마음가짐을 이어 나감
말하고자 하는 바	
생명의 가치를 알고 사람을 살리고자 하는 마음이 중요하다. 의술은 권력이나 돈과 같은 다른 무언가의 수단이 되어서는 안 된다	

《원피스》 명대사의 의미

닥터 히루루크가 다른 의사들을 치료하기 위해 달려가는 장면은 그가 지닌 의사로서의 정신을 잘 보여 준다. 그리고 그는 '사람이 죽는 때'에 대한 대사를 남기고 죽음을 맞이한다.

그 명대사는 사람이 죽는 것은 '물리적'으로 죽을 때가 아니라 '정신적'으로 죽을 때라는 것을 말하고 있다. 이는 의술의 '정신'은 무시한 채 '권력'과 '물질'만 탐하는 왕국의 부정적인 현실에도 똑같이 적용될 수 있다. 의사에게 가장 중요한 본질은 '사람을 살리고자 하는 마음'이라는 뜻이다.

진로 찾기 영화감독·게임 시나리오 작가

영화감독은 영화의 연출을 총괄하는 사람이다. 우리나라에서는 대개 영화감독이 시나리오까지 쓰는 경우가 많다. 따로 시나리오 작가가 있더라도 영화감독의 연출 방향에 따라 완전히 다른 작품이 되는 경우도 많다. 이 때문에 '영화는 감독의 예술'이라는 말이 있을 정도다. 영화감독에게는 스토리텔링 능력과 더불어 말하려는 바를 영상에 담는 방식에 대한 감각도 필요하다.

영화감독은 시나리오를 작성하거나 분석해 어울리는 배우를 선정하고 배역을 정하며 촬영 현장의 제작진을 지휘한다. 자신이 구상한 바에 따라 배우의 연기를 지도하기도 하며 편집·녹음 작업까지 참여, 감독해 한 편의 영화를 만들어 낸다.

영화감독에게는 창의력과 상상력뿐만 아니라 촬영 일정을 조정하고 인원을 통솔할 수 있는 기획력과 리더십이 있어야 한다. 영화가 영상 예술인 만큼 다양한 영화 기법에 대한 지식 역시 필요하며, 여기에 더해 자신만의 독특한 연출 기법이 있다면 더 좋다. 만화가와 비슷한 부분이 있지만 움직이는 영상 속에 이야기를 담는다는 점에서 다르다. 많은 인원을 지휘하며 일한다는 점도 차이점이다.

영화감독이 되고 싶다면 대학에서 연극영화과로 진학하면 도움이 될 것이다. 영상과 관련된 학과들이 설치된 고등학교도 있다. 이런 교육과정을 통해 영화에 대한 다양한 이론과 연기 지도, 촬영, 편집 등에 대해 배울 수 있다. 공부한 이후, 영화를 제작해 영화제에서 상을 받고 데뷔하거나, 영화 관련 아카데미에서 전문적인 교육을 받고 영화를 제작하면 영화감독이 될 수 있다. 또는 영화에 대한 지식을 쌓고 실제 촬영 현장에서 조감독으로 일하며 경험을 쌓은 뒤, 자신의 영화를 만들어 영화감독이 되기도 한다.

게임 시나리오 작가는 게임의 스토리텔링을 담당하는 사람이다. 특히 요즘은 영화를 능가하는 스토리텔링을 갖춘 게임들이 등장하면서 많은 주목을 받고 있다. 게임 시장의 트렌드를 잘 읽어 내고, 독특한 소재로 새로운 이야기를 만들어 내는 것이 중요하며 사회, 과학, 문학 등 다양한 분야에 대한 지식을 쌓는 것이 좋다.

게임 시나리오 작가는 게임의 세계관과 시스템을 이해하고 인물을 설정하며, 그에 맞게 흘러가는 이야기를 창작해야 한다. 즉, 플레이어의 선택에 따라 달라지는 이야기를 만들거나, 게임의 시스템에 맞게 상황이 연출되도록 이야기를 만들어야 한다. 따라서 같은 이야깃거리를 바탕으로 하더라도 훨씬 풍부한 이야기를 만들 수 있어야 한다. 그리고 앞의 선택이 뒤의 선택에도 영향을 미치는 만큼 단계를 따라 체계적으로 생각하는 사고력도 반드시 필요하다.

게임 시나리오 작가에게는 메인 이벤트, 서브 이벤트 등으로 나누어 각각에 적절한 분량의 스토리텔링이 나타날 수 있도록 조절하는 능력이 필요하다. 게임 플레이 시간과 게임 방법에 대한 이해가 필수적이며 창의력과 상상력은 기본적으로 갖추어야 하는 요소다. 이외에도 스토리텔링이 발생하는 부분에서 이루어지는 게임 속 캐릭터의 행동이나 동선, 대사, 카메라의 구도 등도 지정한다. 그런 점에서 영화감독과도 비슷하다.

게임 시나리오 작가가 되고 싶다면 국어국문학과나 문예창작학과, 또는 게임 콘텐츠 관련 학과로 진학하면 도움이 될 것이다. 많은 게임을 해보면서 구성이나 연출을 유심히 살펴보는 것도 좋다. 사설 교육 기관 중에도 게임 시나리오 작가를 양성하는 과정이 있으며, 일련의 교육을 받은 후 게임 개발사나 유통사에 입사하면 일을 시작할 수 있다.

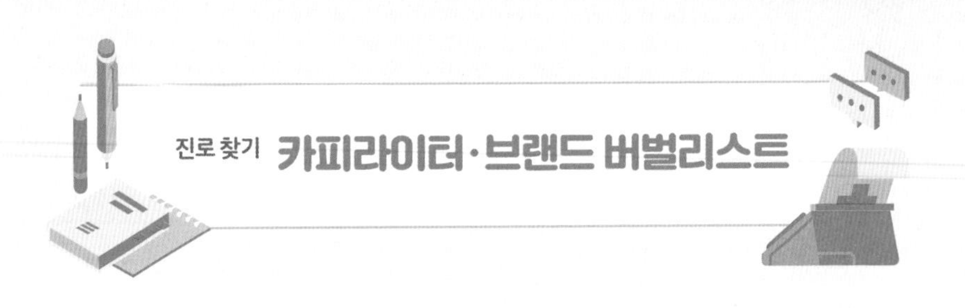

진로 찾기 카피라이터·브랜드 버벌리스트

다른 스토리텔링 직업이 이야기를 펼쳐 나가는 일을 한다면, 카피라이터와 브랜드 버벌리스트는 이야기를 압축하는 일을 한다.

카피라이터는 광고 문구를 만드는 사람이다. 인쇄광고에 들어가는 문구를 비롯해 방송광고의 멘트나 노래 가사 등도 만든다. 광고는 짧은 시간 안에, 혹은 한정된 공간 속에 상품제품, 기업 이미지, 공익 등을 모두 일컫는다에 대한 정보를 담아내고 사람들의 마음을 움직여야 한다. 그만큼 누구나 기억할 수 있을 만한 짧은 문구로 강한 인상을 남기는 것이 중요하다.

카피라이터는 광고의 형태에 대해 광고주와 협의하고, 상품에 대한 정보를 바탕으로 소비자의 성향이나 시장의 흐름 등을 조사한다. 목표로 하는 소비자층이 정해지면 그에 맞는 아이디어를 내고,

표제어, 부제어, 본문, 슬로건 등을 만든다.

문구를 통해 기발한 아이디어를 보이거나 사람의 감성을 자극해야 하는 일인 만큼 창의력과 감수성이 특히 중요한 직업이다. 소비자의 관심이나 시대의 흐름을 잘 파악하는 능력도 있어야 하며, 광고 매체에 대한 지식도 필요하다. 다양한 분야의 지식을 쌓아 두면 많은 도움이 된다. 요즘은 이야기가 주가 되는 광고도 많이 만들어지고 있는 만큼 스토리텔링 능력이 있다면 더욱 좋을 것이다.

광고는 설득의 미학이다. 따라서 사람의 심리를 잘 파악하고 설득하는 기술을 익히는 것이 중요하다. 좋은 아이디어를 바탕으로 만든 문구는 사람들에게 오래 기억되므로 떠오른 생각들을 그때그때 메모해 두는 게 좋다. 문구에 오류가 생기지 않도록 우리말에 대해 잘 알아야 하며 평소에 각종 미디어나 SNS 등을 활용해 소비자의 성향을 파악해 두는 것도 중요하다.

브랜드 버벌리스트는 새로운 브랜드의 이름을 짓고 슬로건을 만드는 사람이다. 세상에서 가장 짧은 스토리텔링을 하는 사람으로, 최근 많은 관심을 받고 있다. 커피, 아파트, 금융서비스, 심지어 올림픽의 슬로건까지 우리 주변의 수많은 브랜드가 모두 이들의 손을 거친다.

브랜드 버벌리스트는 하나의 브랜드명을 짓기 위해 수많은 스토리텔링을 떠올리고, 다시 그것을 깎고 다듬어 짧고 선명한 의미를 남긴다. 단 한 줄의 문장 또는 단 하나의 단어를 만들기 위해 고민에 고민을 거듭한다. 브랜드의 이름이 만들어지는 과정에서 나온 스토리텔링은 사람들이 그 브랜드에 친숙하게 다가설 수 있도록 해준다.

새로운 말이나 의미를 만들어 내는 직업인만큼 언어에 대한 감각이 중요하다. 브랜드 버벌리스트는 기존에 있던 말에 새로운 의미를 담기도 하고, 완전히 새로운 말을 만들어 의미를 부여하기도 한다. 누구에게나 쉽게 기억되면서도 자주 말할 수 있는, 그러면서도 낯선 말을 만든다. 대상에 대해 낯설게 보고, 비틀어 보고, 뒤집어 보는 것, 즉 언어로 놀이하는 직업이다.

소비자의 욕구, 현재의 트렌드 등을 잘 파악해야 하는 면이 카피라이터와 비슷하다. 상표와 관련된 법을 잘 알아 두는 것도 중요하다. 상표법이 미치는 범위, 존속 기간, 등록 요건 등을 제대로 알지 못한다면 힘들게 만든 브랜드명이 빛을 보지 못할 수도 있다. 또한 어떤 분야의 이름을 만들게 될지 모르니 다양한 분야에 관심을 가지고 있어야 한다.

카피라이터나 브랜드 버벌리스트가 되고 싶다면 국어국문학과, 광고홍보학과, 문예창작학과 등으로 진로를 정하면 도움이 된다. 해당 학과로 진학하지 않더라도 Kobaco 광고교육원이나 사설 아카데미에서 교육과정을 밟는다면 필요한 지식이나 정보를 얻을 수 있다. 광고 공모전에 입상한 경력이 있다면 취업 시 많은 도움이 된다. 광고회사나 기업의 광고 관련 부서, 홈쇼핑 회사, 브랜드 에이전시 등에 들어가면 일을 시작할 수 있다.

4장

도전!
스토리텔링 실습

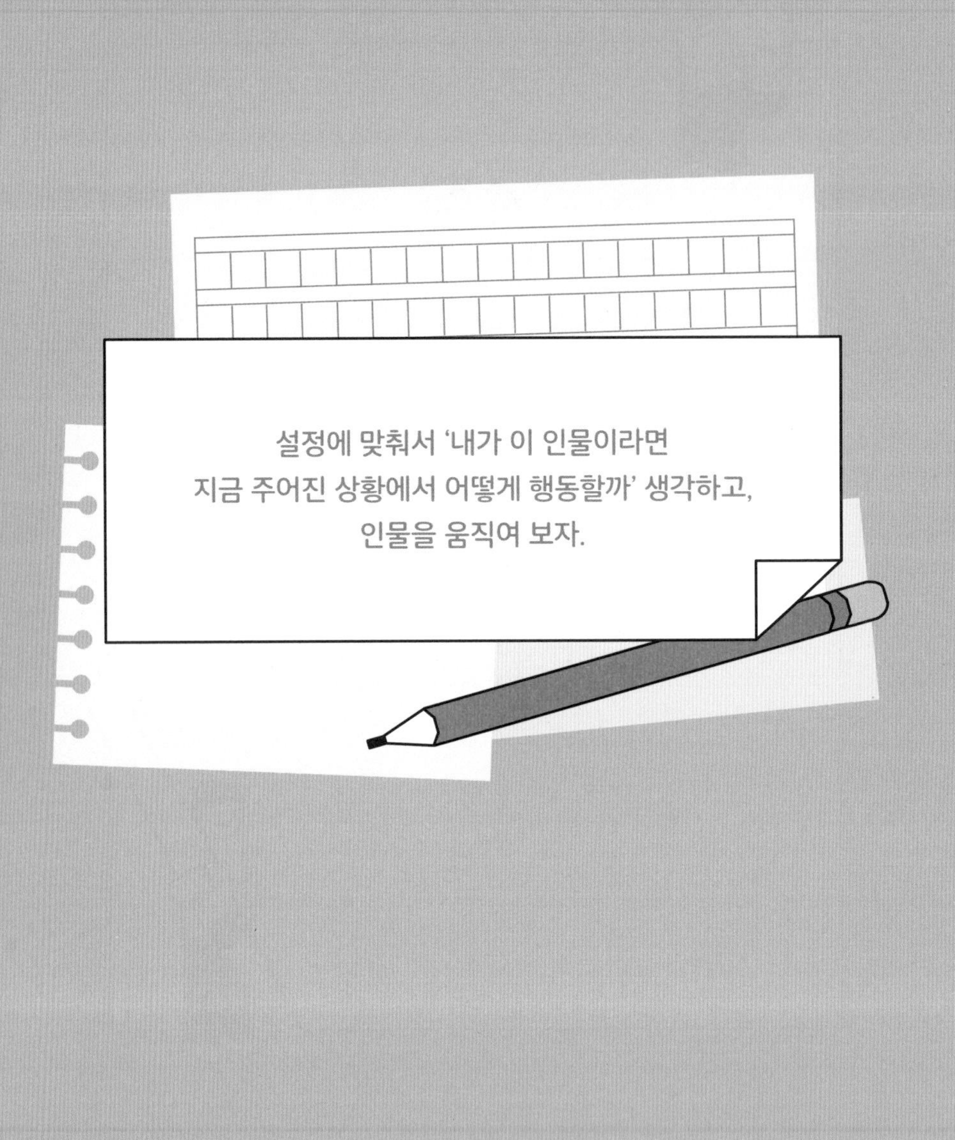
설정에 맞춰서 '내가 이 인물이라면
지금 주어진 상황에서 어떻게 행동할까' 생각하고,
인물을 움직여 보자.

스토리텔링의 마지막 단계

이제 이야기를 풀어 나가기 위한 마지막 단계를 시작하자. 여기서는 앞서 살펴본 내용을 모아서 이야기를 만들고 꾸미는 방법, 그리고 주의할 점을 알아보겠다.

이야기를 열심히 구상하고 이것저것 준비했더라도 어떻게 해야 더 재미있을지 또는 다음 이야기를 어떻게 풀어 나가야 할지 고민이 될 것이다. 도움을 줄 수 있는 방법을 몇 가지 소개하겠다.

이야기를 풍성하게 해주는 사건 은행

1장에서 인물 은행을 만들어 두면 좋다고 한 것을 기억하고 있을 것이다. 그와 비슷하게 글을 쓰기 전에 사건 은행을 만들어 두자. 평소 접한 작품이나 일상에서 봤던 사건, 재미있을 듯한 사건이 떠오를 때마다 기록해 놓는 것이다. 그렇게 해두면 작품을 쓰다가 어딘가 허전할 때, 여기서 꺼내 활용할 수 있다.

이야기를 만들 때 사건 은행에 적어 둔 내용을 꼭 다 쓰지 않아도 된다. 안 쓴 것은 다음에 다른 이야기를 만들 때 활용할 수 있다.

큰 사건은 처음에 배경과 인물을 만들고 이야기를 구상하는 단계에서 거의 만들어진다. 따라서 사건 은행의 도움을 받을 일은 거의 없을 것이다. 사건 은행이 필요한 경우는 대부분 작은 사건을 만들 때다. 큰 이야기의 줄기와 크게 관련 없이 잠시 쉬었다가는 느낌을 주는 에피소드나, 이야기의 긴장감을 풀어 주는 가벼운 사건 같은 것들 말이다. '개그 코드'가 들어 있는 사건이나 이야기에서 퇴장한 인물의 뒷이야기를 다뤄 주는 경우도 마찬가지다.

이야기 속 인물에게는 선택지가 있다

인물이 알아서 움직이도록 놓아 두는 방법을 3장 시놉시스 부분에서 다뤘다. 여기서는 그에 더해서 선택지를 활용하는 방법을 살펴본다.

인물 설정을 미리 해뒀다면 쉽게 해나갈 수 있다. 설정에 맞춰서 '내가 이 인물이라면 지금 주어진 상황에서 어떻게 행동할까' 생각해 보고, 인물을 움직여 보자.

그러다 보면 선택해야 할 상황이 발생할 수 있다. 그 선택은 물론 인물이 하는 것이지만 사실은 이야기를 만드는 작가가 하는 것이다. 선택의 결과도 마찬가지다. 그렇기 때문에 사건을 통해 그 인물이 가진 욕망이 충족될 것인지 아닌지를 판단하는 기준이 필요하다. 인물에게 일어난 사건이 성공적인 방향으로 가느냐 아니면 실패하는 방향으로 가느냐, 그렇게 되었을 때 부가적으로 좋은 일이 따르느냐 아니면 나쁜 일이 따르느냐를 결정하는 기준 말이다.

그럴 때 아래의 '욕망 충족 선택지'를 활용할 수 있다. 이 선택지는 인물의 욕망이 충족되었는지를 기준으로 작성한 것이다. 하나씩 살펴보자.

---

① 인물의 욕망이 **충족된다. 그러나** 거기에 대한 대가가 따르거나 그에 따른 다른 안 좋은 일이 일어난다(또는 인물의 단점이 문제되는 상황이 생긴다).

② 인물의 욕망이 **충족된다. 그리고** 더 좋은 결과도 추가로 얻는다(또는 인물의 단점이 문제되지 않거나 장점이 효과적으로 작용하는 일이 생긴다).

③ 인물의 욕망은 **충족되지 못한다. 그러나** 뭔가 다른 소소한 행운이나 이득 같은 것들이 발생한다(또는 인물의 단점이 문제되지 않거나 장점이 효과적으로 작용하는 일이 생긴다).

④ 인물의 욕망은 **충족되지 못한다. 그리고** 다른 안 좋은 일이 추가적으로 일어난다(또는 인물의 단점이 문제를 일으킨다).

어떤 인물의 욕망이 충족되었다면 새로운 욕망을 주자. 그런 식으로 욕망이 이어지면 사건은 계속 생기게 될 것이다. 그러나 인물의 욕망이 충족되지 못했다면 인물은 계속해서 욕망을 이루기 위해 움직일 것이다.

그렇다면 지금부터 선택지를 활용하는 예시를 보도록 하자. 철수와 영희라는 인물이 있다. 다음과 같이 설정했다고 해보자.

인물 A

이름: 철수

성별: 남

직업: 백수, 아무 일도 하지 않고 방에 처박혀서 게임만 하며 종종 복권을 삼

장점: 운이 좋다

단점: 조심성이 없음, 충동적임

욕망: 부자가 되고 싶다

인물 B

이름: 영희

성별: 여

직업: 복권 가게 아르바이트생, 아픈 동생이 있음

장점: 꼼꼼함, 계획적으로 움직임

단점: 신경질적임, 화가 나면 폭력적이 됨

욕망: 복권에 당첨된 남자와 결혼하고 싶다

아마도 이야기는 백수로 살아가는 철수를 보여 주는 것으로 시작한 다음 복권 가게 아르바이트생인 영희의 삶을 보여 줄 것이다. 그런 다음에는 이렇게 진행될 듯하다.

철수는 '부자가 되고 싶다'는 욕망이 있고 충동적이다. 그래서 게임을 하면서도 아이템 강화를 시도하다 실패하고, 가지고 있던 것들을 죄다 날려 먹기도 한다. 종종 집 앞에 있는 복권 가게에 들러서 복권을 긁지만 맨날 꽝이다.

영희는 '복권에 당첨된 남자와 결혼하고 싶다'는 욕망이 있다. 복권 가게에서 아르바이트를 하면서 가끔 당첨되었다고 떠들어 대는 사람도 보곤 한다. 그러다 보니 '저 사람의 복권을 내 것으로 만들고 싶다'는 마음이 들기도 한다. 영희는 계획적인 인물이다. 평소 가게에 자주 오는 사람들을 눈여겨보면서, 어떤 사람이 당첨되면 그 사람에게 어떻게 접근하면 좋을지 계획을 세워 둔다. 그런 사람 중에는 철수도 포함되어 있다.

이제 사건을 일으켜 보자. 철수가 복권에 당첨되는 것이다. 철수는 조심성이 없는 성격이기 때문에 그 자리에서 복권이 당첨되었다고 큰 소리로 말할 것이다. 여기서 영희의 욕망이 이루어질지 그렇지 않을지에 대한 선택지가 발생한다.

① 영희는 미리 세웠던 계획에 따라 철수를 유혹하는 데 **성공하고** 둘은 결혼하게 된다. 영희는 건물주가 되겠다는 욕망이 생긴다. **그러나** 철수는 원래 성격대로 영희 몰래 충동적으로 투자해서 돈을 다 날려 버리고 만다.

② 영희는 미리 세웠던 계획에 따라 철수를 유혹하는 데 **성공하고** 둘은 결혼하게 된다. 영희는 지금 있는 돈을 잘 지켜야겠다는 욕망이 생긴다. **그리고** 철수가 원래 성격대로 충동적인 투자를 하려 하지만, 영희의 꼼꼼한 성격 덕에 그것을 막게 된다.

③ 영희는 미리 세웠던 계획에 따라 철수를 유혹해 거의 사귀게 되지만, 신경질적인 성격으로 인해 **실패한다. 그러나** 실패할 경우를 대비해 세웠던 '플랜B'에 따라 철수가 아직 현금화하지 않은 복권을 놔둔 위치를 알게 된다.

④ 영희는 미리 세웠던 계획에 따라 철수를 유혹하는 데 성공한다. 그러나 중간에 그녀의 계획이 탄로나 결혼에는 **실패한다. 그리고** 그녀는 이 일로 크게 화가 나는데, 화가

나면 폭력적으로 변하는 성격으로 인해 아픈 동생마저 심각하게 다치게 된다.

이 방법은 인물의 욕망이 이루어지는지 여부를 기준으로 삼고 있다. 즉, 전체적인 이야기의 구성 자체에 영향을 미치는 것이다. 선택지에 따라 이야기 전개 자체가 달라지는 것을 알 수 있다.

이 선택지는 인물이 구체적으로 취할 행동을 결정할 때도 사용할 수 있다. 영희의 선택지가 발생했던 부분으로 다시 돌아가 보자. 영희는 철수의 복권이 탐이 난다. 따라서 그녀가 선택할 수 있는 행동 중에는 '영희는 철수를 따라가 그의 집이 어딘지 알아낸다'가 있을 것이다. 이 행동에 대한 영희의 선택지 ①, ②의 경우를 보도록 하자.

① 영희는 철수의 집을 알아낸다. **그러나** 무단으로 자리를 이탈하는 바람에 아르바이트 자리를 잃는다.

② 영희는 철수가 자주 이곳에 오므로, 동네를 돌아다니다 보면

발견할 수 있을 것이라는 생각을 한다. 그래서 아르바이트 자리를 잃을 수도 있는 위험은 감수하지 않기로 한다.

그러나 철수가 흘리고 간 지갑을 발견한다.

이런 식으로 선택지를 활용한다면 재미있게 이야기를 만들어 갈 수 있다. 나아가 선택지에 따라 다른 결과가 나오는 게임북이나 요즘 넷플릭스에서 제공되는 인터랙티브 콘텐츠 같은 것을 만들어 볼 수도 있을 것이다.

> **인터랙티브 콘텐츠**
>
> 인터랙티브 미디어 기술을 기반으로 제작한 쌍방향 형식의 콘텐츠. 이용자는 콘텐츠와 상호 작용하며 이야기에 개입할 수 있다. 주인공의 행동과 선택, 결말 등을 원하는 대로 고르고 바꾸는 식이다.

좋은 스토리텔링을 위한 주의 사항

스토리텔링을 해나가면서 주의해야 할 점을 몇 가지 짚어 보자.

(1) 작품의 주제와 분위기를 잊지 말자

이야기를 통해 전달하고자 하는 바가 있을 것이다. 즉, 어떤 주제를 정하고 그에 맞는 이야기를 해나가게 된다. 그 주제에 어울리는 분위기도 작품 속에 만들어 두었을 것이다. 거기서 벗어나는 순간 이야기는 방향성을 잃게 된다. 따라서 주제를 염두에 두고 이야기를 이끌어 나가야 한다.

예를 들어 '두 남녀의 현실적인 사랑 이야기'를 다룬다고 해보자. 그러면 작품의 분위기도 현실적인 문제, 즉 돈이나 지위 같은 것들 때문에 사랑이 실패하게 되는 굉장히 차가운 분위기로 설정했을 것이다. 그런데 갑자기 귀신이 등장해서 남자주인공에게 빙의한다면? 이야기는 판타지로 흘러가 버리고 만다. 주제가 중요하게 작용하는 이야기를 이끌어 나가고 있다면 특히 더 주의해야 하는 문제다.

(2) 작품의 주제에 집착하지 말자

바로 앞의 내용과는 상반되는 것 같지만 꼭 주제에 집착할 필요가 없는 경우도 있다. 주제를 잊으라는 것은 아니다. 심각한 내용을 다루는 이야기라도 주제에서 크게 벗어나지 않는다면 가끔 재미있거나 웃기는 에피소드가 들어갈 수도 있다는 뜻이다. 그런 경우 애초에 작품의 분위기 역시 가끔은 웃을 수 있게끔 만들어져 있을 것이다.

예를 들어 《더 파이팅》이라는 일본의 만화를 보면 권투 경기가 진행될 때는 긴장감이 넘치고 때로는 처절한 느낌마저 든다. 그것이 이 작품의 주된 내용이기도 하다. 그러나 일상의 모습을 그리는 장면에서는 개그 코드가 넘쳐 난다. 주인공과 그 주변 인물의 특징 역시 그에 맞게 잘 잡혀 있다. 평소에는 유쾌하지만 마음속에는 복서로서의 삶에 대한 고민이 있는 식으로 말이다. 즉, 작품에서 주되게 다루는 것은 치열한 권투 시합 장면이고 또 그것을 진지하게 그려내지만, 그러면서도 그 치열함을 풀어 주는 분위기를 만들었기 때문에 어색하게 느껴지지 않는다.

(3) 설정을 잘 드러내자

이야기를 만들기 전에 다른 것은 몰라도 배경과 인물은 꼭 설정해 두어야 한다. 그리고 그 내용을 나만 알고 있으면 안 된다. 공개되지 않은 설정을 바탕으로 이야기를 이끌어 나가면 독자 입장에서는 이야기가 왜 그런 식으로 흘러가는지 이해할 수 없기 때문이다.

이는 의도적으로 설정을 숨기는 것과는 다르다. 의도적으로 설정을 숨길 때는 이야기가 진행됨에 따라 설정을 조금씩 풀어내면서 독자의 궁금증을 해결해 준다. 그러나 나만 아는 설정을 끌고 간다는 것은 이후에도 딱히 그 설정이 작품에서 드러나지 않는 경우를 말한다. 작품의 개연성까지 망치게 되는 것이다. 그런 의미에서 설정을 적절히 잘 드러내는 것이 중요한데, 여기에도 몇 가지 방법이 있다.

첫 번째, 설정을 직접 설명해 주는 것이다. 가장 쉬운 방법인데, 이야기의 시작 부분에서 이 이야기의 배경은 어떤 것이고, 인물은 어떤 사람인지 모두 설명하는 것이다. 다음 예를 보자.

이곳은 22xx년의 서울. 20xx년 발발한 세계 3차 대전 당시 쏘아 올린 수많은 핵폭탄 때문에 인류는 거의 멸망의 지경에 이르렀다. 그러나 살아남은 자들도 있었다. 지하로 숨어들어 다른 형태로 진화한 지하인, 지상에서 방사능으로 피해를 입었지만 살아남아 초능력이 생긴 돌연변이, 그리고 원래 인류의 모습을 간직한 인간이 그들이다. 제임스는 이 이야기의 주인공이다. 그는 비열하고 무자비하다. 이것이 그가 이 약육강식의 세상에서 살아남을 수 있었던 이유다.

이런 식으로 설정을 설명하면 독자가 이야기의 세계관이나 인물에 대해 빠르게 이해할 수 있다. 덕분에 쉽게 이야기 속에 녹아들 수 있다. 그리고 작가의 입장에서는 어떻게 하면 설정을 멋지고 세련되게 드러낼 수 있을지 고민할 필요가 없으니 편안하다.

하지만 이야기의 숨겨진 설정이 조금씩 풀릴 때 느낄 수 있는 재미가 사라진다는 단점이 있다. 인물의 행동이나 대사를 통해 설정을 풀어내는 경우에 비해 세련된 느낌도 떨어진다. 그러나 요즘 독자들은 이런 식으로 처음부터 설정을 다 드러내 주는 쪽을 좋아하는 경향이 있으니 참고하자.

두 번째는 배경 묘사, 인물의 행동, 대사를 통해 설정을 드러내는 방법이다. 이 방법을 잘 구사한다면 스토리텔링 실력이 있다고 할 수 있다. 따로 설명하지 않고도 자연스럽게 설정을 드러낼 수 있으니 말이다. 순수문학이라 불리는 갈래의 작품을 쓰는 소설가들은 이런 연습을 특히 많이 하는데, 덕분에 그런 작품들은 무척 세련된 느낌을 준다. 다음의 예를 보자.

바람이 불어왔다. 벚꽃 잎이 한두 장 섞인 바람이었다. 철수는 영희와 학교 벤치에 앉아 커피를 마시고 있다. 방금 전까지는 수강 신청에 대해 이야기했지만 지금은 둘 다 말이 없다. 바위틈에는 아직 녹지 않은 눈이 힘겹게 버티고 있었다. 철수는 문득 무슨 생각이 들었는지 걸치고 있던 과 점퍼의 지퍼를 내리려다 애꿎게 목덜미만 북북 긁었다.

예문에서는 인물이나 배경에 대해 구구절절 설명하지 않았다. 상황에 대한 묘사만 했을 뿐인데, 독자는 이야기의 배경과 인물에 대해 자연스럽게 파악하게 된다.

먼저 배경을 보자. '벚꽃 잎 한두 장 섞인 바람'으로 볼 때, 봄이긴 하지만 아직 벚꽃이 완전히 흩날리기 시작하는 봄은 아니라는 것을 알 수 있다. 그리고 '아직 녹지 않은 눈'을 통해서 꽃샘추위나 쌀쌀한 봄 날씨를 짐작할 수 있다. '수강 신청', '과 점퍼'라는 단어로 볼 때 '학교 벤치'는 아마도 대학교 교정에 있는 벤치일 것이다.

이번에는 인물을 보자. 내용에서 영희에 관한 것은 드러나지 않았지만 철수에 관해 알 수 있는 부분이 있다. '아직 녹지 않은 눈'에 대한 묘사 다음에 철수는 '걸치고 있던 과 점퍼의 지퍼를 내리려' 한다. 철수가 그런 행동을 하는 이유는 뭘까? 날씨가 아직 추우니 자기가 입고 있던 옷을 영희에게 벗어 줘야겠다는 생각이 들었기 때문일 것이다. 철수는 영희를 좋아하고 있으며 배려심도 있다는 것을 짐작할 수 있다. 그러나 '애꿎게 목덜미만 북북 긁는' 모습은 철수가 그것을 행동으로 옮길 만큼 용기가 없는 성격임을 보여 준다.

이런 식으로 서술할 경우, 배경이나 인물에 대해 은근하게 드러내면서 문학적인 아름다움 또한 만들어 낼 수 있다. 이를 위해서는 좋은 글을 많이 따라 써봐야 하고, 직접 많이 써보기도 해야 한다. 그뿐만 아니라 문장을 쓴 후 고치고 다듬는 작업도 반복해야 한다. 수고스럽긴 하지만 그만큼 더 아름다운 작품을 만들 수 있는 방법이다.

물론 그렇다고 이런 식으로 쓸 때 항상 아무런 설명도 하지 않는 것은 아니다. 필요에 따라서는 직접적인 설명을 곁들이는 쪽이 더 효과적이기도 하다. 특히 이야기를 시작할 때라면 더 그렇다. 만화나 드라마같이 시각적인 부분이 존재한다면 그림이나 영상을 통해서 배경을 보여 줄 수 있겠지만, 글로만 이루어진 작품이라면 배경에 대한 설명이 어느 정도 필요할 때가 있다. 우리가 경험해 보지 못한 세계에 대한 것이라면 더더욱 그렇다.

세 번째, 배경과 인물에 대해 천천히 풀어놓는 방법이다. 앞부분에서 말했던 의도적으로 설정을 숨기는 방식이 이것이다. 이는 묘사냐 설명이냐의 문제가 아니기 때문에 첫 번째, 두 번째의 방식과는 결이 다르다. 작품 구성의 영역이기 때문이다. 그래서 작품의 한 부분처럼 서술하는 식이 아니라 이야기의 흐름을 보여주는 식으로 예를 들어 보겠다.

반쯤 무너진 건물들이 늘어선 거리에서 한 남자가 싸우고 있다. 그런데 그를 공격하려던 적들이 그와 눈이 마주치자 이유 없이 뒤로 날아가 버린다. 남자는 적을 다 쓰러뜨린 후 그들의 소지품을 뒤진다. 그러곤 은빛 카드 같은 것을 여러 장 챙겨서 그 자리를 뜬다. 이후 몇몇 사건이나 대화 장면이 나온 후 장면이 바뀌고, 남자가 편의점 같은 곳에 들어선다. 전자시계가 화면에 나온다. 2222년 2월 22일 22시 22분 22초라고 되어 있다. 남자는 먹을 것을 몇 개 집어 든 뒤 아까 챙긴 은빛 카드를 두 장 꺼내 직원에게 건넨다. 직원은 카드를 받고 남자가 나간 것을 확인한 후 누군가에게 전화를 걸어 말한다. "수배 중인 능력자가 방금 여기 왔어요."

배경이나 인물에 대해 아무런 설명도 없이 장면이 시작된다. 독자는 이를 보면서 언제, 어디에서 무슨 일이 일어나고 있는 것인지 궁금해지게 된다. 즉, 베일을 한 꺼풀 씌워 두고 약간의 정보만 흘리면서 독자가 상황을 알 듯 말 듯하게 만든 후 이야기를 시작하는 것이다. 그런 뒤 장면이 전환되었을 때 이야기의 배경과 인물에 대한 정보를 하나씩 드러내 주는 방식이다.

예시에서 공간적 배경은 아직 명확히 드러나지 않지만 '전자시계'를 통해서 시간적 배경을 알 수 있다. 그리고 '은빛 카드'는 저 이야기 속에서 화폐의 역할을 한다는 것을 짐작할 수 있다. 또 남자를 공격하는 적들이 이유 없이 날아가 버리던 이유는 그의 초능력 때문이다. 이는 편의점 직원의 전화를 통해 드러난다.

이렇게 설정이 드러나는 순간 독자는 이야기 초반에서는 이해하지 못했던 부분에 대해서도 받아들일 수 있게 된다. 작가만 설정을 알고 있는 상태에서 막무가내로 이야기를 이끌어 가는 것과는 다르다. 그리고 이런 방식이 주는 느낌은 배경 묘사, 인물의 행동, 대사를 통해 설정을 드러내는 방법과 비슷하다. 물론 궁금증을 만든 후 직접적인 설명으로 설정에 대해 풀어 주기도 한다. 그러나 대부분은 직접적인 설명 없이 인물의 행동이나 대사, 장면 등으로 설정을 드러낸다.

(4) 설정이 꼬이지 않게 하자

이미 드러난 설정이 중간에 바뀌는 일은 없어야 한다. 인물이 갑자기 자신의 가치관과 어울리지 않는 행동을 하거나, 인물의 과거가 이전에 나온 내용과 달라지는 일이 있어서는 안 되는 것이다. 설마 자기가 만든 이야기인데 그럴 일이 있겠냐는 생각이 들겠지만, 장기 연재를 할 때 상당히 자주 일어나는 실수다. 예를 들면 주인공이 과거 부산에서 사기꾼으로 유명했다는 설정이 초반부에 등장했는데 후반부에서 대화를 나누는 중에 "나는 부산은 가본 적이 없어"라고 말하는 식이다.

이런 일이 일어나지 않도록 하려면 항상 인물 설정표와 인물의 관계도 같은 것들을 옆에 두고, 참고하며 써나가는 것이 좋다. 그리고 이야기가 진행됨에 따라 추가되는 사항이 생기면 꼭 메모해 두어야 한다.

(5) 한 번에 다 해결하려 하지 말자

내 머릿속에 있는 것들을, 또는 준비해 놓았던 것들을 한 장면에서 다 꺼내 놓지 않도록 하자. 앞부분에서 설정을 조금씩 풀어내는 방법이 있었다. 그것처럼 이야기의 내용적인 측면에서도 내가 알고 있는 것을 독자가 알지 못하게 해서 그다음에 이어질 내용을 궁금해하게 만들어야 한다. '이 갈등은 어떻게 될까?', '이 인물의 운명은 어떤 방향으로 흘러가게 될까?' 하고 생각하게끔 해야 한다는 뜻이다.

이를 위해서는 적당한 부분에서 끊는 기술이 필요하다. 어떤 중요한 사실에 대해 말하는 장면에서 다른 인물이 등장해 대화가 끊기게 하거나, 긴장감이 한껏 오른 장면에서 다른 장면을 보여 주는 식으로 말이다. 특히 드라마나 웹툰같이 이야기가 한 회씩 나뉘는 경우 그 효과는 더욱 커진다. 독자들은 다음 주가 빨리 오길 바라게 될 테니까 말이다.

탄탄한 이야기를 위한 결말

3장에서 결말을 모르는 채로 이야기를 써보는 것도 좋은 방법이라고 했다. 하지만 그것은 사건을 만들면서 이야기가 되어가는 과정일 경우고, 이야기를 꾸며야 할 때는 사정이 조금 달라진다. 이야기를 꾸민다는 것은 작품을 어떻게 구성할 것인가와도 관련 있기 때문이다.

복선을 깔기 위해서는 결말이 필요해

결말을 미리 생각해 두면 이야기 속에서 일어나는 사건들의 개연성을 높일 수 있다. 즉, 이야기 속의 갈등이 어떤 결말을 맞을지 징조를 보여 줄 수 있다. 복선을 까는 것인데, 사실 엄밀히 따지면 복선은 독자 입장에서 읽는 중에 그런 징조가 있었는지조

차 모르도록 배치하는 기법이기는 하다. 어떤 결말이 나타난 후에야 복선이 있었다는 사실을 깨닫게 되면서 작품의 아름다움을 느끼는 방식이기 때문이다.

따라서 복선은 흔히 말하는 '플래그'와는 다르다. 플래그는 오히려 클리셰에 가깝다고 볼 수 있다. 예를 들면 목숨이 걸린 위급한 상황에서 어떤 인물이 "꼭 돌아올게"라고 말할 때, 우리는 흔히 '사망 플래그가 섰다'고 말하곤 한다. 왜냐하면 대부분의 작품에서 그런 말을 하는 인물은 꼭 죽기 때문이다. 즉, 플래그는 복선이라기보다는 이미 많이 쓰여서 익숙하게 느껴지는 장면이나 표현 방법을 의미하는 클리셰라고 보는 것이 더 적절할 것이다.

다만 징조를 보여 준다는 점에서는 플래그와 복선이 비슷하기 때문에 일단 이 둘을 따로 구분하지 않고 모두 복선으로 생각하고 이야기하자. 영미권에서는 이 둘을 크게 구분하지 않고 'Foreshadowing'으로 말하기도 하니 말이다.

복선이 있다면 독자는 이야기의 결과를 납득할 수 있게 된다. 반면에 복선이 없다면 잘 지내던 인물이 갑작스럽게 죽는 것 같은 일이 일어났을 때, 당황하게 된다. '내가 왜 이 작품을 읽고 있었던 거야?' 같은 생각을 하게 될 것이다. 다음 예시를 보자.

A

서울에 사는 주인공의 고향에는 홀로 계시는 어머니가 있다. 오랜만에 고향 집에 갔더니 주인공이 어릴 적부터 마당을 지켜 왔던 감나무가 시들시들하다. 주인공은 어머니와 며칠을 보내고 다시 서울로 돌아온다. 바쁜 일상을 살아가던 중 어머니가 돌아가셨다는 연락을 받는다. 주인공은 이후 어머니가 아픈 것을 숨기고 계셨다는 것을 알게 된다.

B

주인공은 전설의 검을 얻었다. 그 검으로 온갖 괴물들을 물리치며 승승장구한다. 주인공은 업적을 인정받아 공주와 결혼하고, 이후 그 나라의 왕이 된다. 그는 나라를 잘 다스렸지만 권력에 눈이 먼 신하에게 암살당한다.

A의 경우 '주인공이 어릴 적부터 마당을 지켜 왔던 감나무가 시들시들하다'는 복선이 있다. 이야기를 읽어 나가는 중에는 그냥 그런가 보다 하고 지나갈 수도 있는 부분이다. 그러나 어머니가 돌아가셨을 때, 독자는 감나무에 대한 묘사가 어머니의 병과 죽음을 암시하는 복선이었음을 깨닫게 된다. 복선은 이렇게 사물

을 통해서 보여 줄 수도 있지만, 인물 주변의 사건 또는 인물이나 배경에 대한 묘사 같은 것을 통해서 나타나기도 한다.

B의 경우는 따로 복선이 없다. 물론 그냥 줄거리이기 때문에 저 이야기의 마지막이 그럴 수도 있겠다는 느낌으로 다가올 수도 있다. 그러나 주인공이 온갖 괴물을 물리쳐 나가는 장대한 이야기를 오랫동안 연재해 왔다고 한다면 어떨까? 독자는 그 과정을 보며 즐거워하고 오랫동안 함께해 온 것이다. 그렇게 마침내 업적을 이룬 인물을 보며 '이제 이 이야기도 이렇게 결말을 맞겠구나' 할 때, 느닷없이 주인공이 죽어버리는 것이다. 아마 작품의 댓글 창에서는 난리가 나지 않을까? 그야말로 아무런 복선도, 심지어 플래그조차 없는 죽음이니까 말이다.

따라서 결말을 미리 생각해 두고 복선을 준비하는 일은 중요하다. 그뿐만 아니라 미리 결말을 생각해 두면 특이한 구성을 만들어 볼 수도 있다. 짐 크레이스의 《그리고 죽음》 같은 작품을 보면 인물들의 죽음부터 시작해서 점점 과거로 가는 방식의 구성이 나타난다. 즉, 결말을 먼저 제시하고 그 결과가 나오기까지의 과정을 되짚어 가는 방식이다. 결말을 어떻게 보여 줄 때 더 재미있어질지 생각해 보면 이렇게 독특한 구성을 만들어 볼 수 있을 것이다.

결말에도 종류가 있다

그러면 이야기의 결말에는 어떤 것이 있을까?

첫 번째, 행복한 결말이다. 이 경우 주인공의 욕망이나 해내야 할 것들이 모두 이루어지고 모든 것이 충만한 상태에서 끝을 맺는다. 이 부분은 따로 설명하지 않아도 잘 알 것이다.

두 번째, 슬픈[안 좋은] 결말이다. 주인공이 모든 것 또는 중요한 것을 잃게 되는 유형이다. 주인공이나 주인공에게 중요한 주변 인물이 죽는 경우, 주인공이 중요한 물건이나 재산을 잃고 나락으로 떨어지는 경우, 주인공이 희망이나 의지를 상실하고 폐인이 되는 경우 등이 다 여기에 해당한다. 흔히 비극이라고들 하는 것이다.

세 번째, 찜찜한 결말이다. 행복한 것 같기도 아닌 것 같기도 한 유형이다. 대개는 주인공이 목표로 했던 일을 달성하거나 자신의 욕망을 이루게 되지만 그에 대한 대가를 치르는 형태로 나타난다. 예를 들면 악덕 기업을 몰락시키는 것이 주인공의 목표였다고 하자. 주인공은 마침내 목표를 이루지만 그 과정에서 소중한 친구를 잃고, 마지막에는 사랑하는 사람까지 잃게 되는 식이다. 따지고 보면 비극에 가깝지만, 목표를 달성한다는 점에서 좋은 결말이라고 볼 수 있는 부분도 존재하기 때문에 이렇게 분류해 보았다. 글을 쓰는 사람이나 독자 모두에게 상당히 매력적인 유형이기도 하다. 성공과 실패가 적절히 섞이기 때문에 그만큼 갈등이 주는 긴장감도 높고, 또 해소되는 맛도 있기 때문이다.

네 번째, 열린 결말이다. 결정적인 장면 또는 사건이 해결될 만한 장면까지만 보여 주고 결과를 제대로 안 알려 주는 것이다. 주인공의 목표가 제대로 이루어졌는지 알 수 없는 상태로 끝나면서, 결과를 나름대로 상상해야 하는 유형이다.

크리스토퍼 놀란 감독의 <인셉션>2010이 바로 이런 결말의 대표라고 할 수 있다. 이 유형은 독자에게 결말을 맡기는 만큼 독자의 상상력을 자극할 수 있다는 장점이 있다. 그리고 사람들의 입에 가장 많이 오르내리는 결말이기도 하다.

다섯 번째, 결말의 유형이라고 하기에는 애매하지만 후일담을 풀어놓는 경우다. 행복한 결말이었든, 슬픈 결말이었든 등장했던 인물들의 이후 행적을 짤막하게 보여 주는 것이다. 결말까지 함께한 독자들에게 진한 여운을 남기는 방식이다. 작품이 끝나서 아쉬운 독자의 마음을 달래 주는 방식이기도 하다.

이야기는 다양한 결말 중 하나를 향해서 달리게 될 것이다. 그 결말에 맞는 분위기를 만들고 이끌어 나가는 일이 중요하다.

장면, 어떻게 보여 줄까

이야기가 어느 정도 완성되었다면 이야기 속의 장면을 언제, 어떻게 제시하면 더 재미있을지 생각해 보자. 같은 이야기라도 장면을 보여 주는 방식에 따라 독자가 느끼는 재미가 달라질 수 있다. 몇 가지 방법을 살펴보자.

(1) 중요한 부분을 어떤 식으로 배치하는가

이야기에서 결정적인 부분을 먼저 보여 주느냐, 나중에 보여 주느냐의 문제다. 만약 추리물이라면 범인이 있고 증거나 단서가 있으며 트릭도 있을 것이다. 일반적으로 추리물은 범인이 누구인지 밝혀지지 않은 상태로 시작한다. 주인공이 증거와 단서를 발견하고, 그것을 바탕으로 추리해서 범죄의 트릭을 간파하는 식이다. 그런 후 범인을 지목하고 말이다. 그런데 같은 내용이라도 먼저 독자에게 범인이 누구인지 밝히고이야기 속 인물들은 범인이 누구인지 모르지만 이야기를 진행한다면 어떨까? 아마 이야기를 즐기는 방식 자체가 달라지면서 독자는 색다른 재미를 느끼게 될 것이다.

시간적 순서를 어떻게 배치할지 고려하는 것도 이와 비슷하다. 만약 인물에게 어떤 과거가 있다면 그것을 언제 제시할지 고려해야 한다. 이야기를 과거에서부터 시작해서 시간 순서대로 보여 줄지, 아니면 이야기 중간에 인물의 과거를 드러낼 만한 계기가 있을 때 보여 줄지 생각해 보아야 한다. 과거, 현재, 미래의 중요도를 생각하고 작품에 어떤 영향을 미칠지 고민해서 시간 순서를 조정하는 것이다.

(2) 어떤 식으로 장면을 배치하는가

장면을 배치하는 방법에 따라서도 극적 긴장감이나 재미가 달라진다. 스토리텔링에서 주의할 점을 설명하며 '한 번에 다 해결하려 하지 말자'고 했다. 그때 이야기했던 '극적인 장면에서 이야기를 끊고 장면을 전환시키는 방법'이 좋은 예다. 이는 드라마, 소설 등 많은 이야기에서 우리가 이미 경험해 본 것이기도 하다.

그리고 같은 시간 안에서 서로 다른 장소에 있는 서로 다른 인물을 번갈아 가며 보여 주는 방법도 있다. 이 경우는 극적 긴장감을 두 배로 끌어올릴 수 있기도 하다.

예를 들어 전쟁 중인 나라의 두 주인공 A와 B가 있다면 A가 전투하는 장면을 보여 주다가 B가 전투하는 장면을 보여 주고, 다시 A의 장면 또 B의 장면 이렇게 보여 주는 것이다. 만약 A, B 둘 다 힘겹게 전투를 이어 나가는 장면이라면 이 방법은 둘의 처절함을 부각하는 수단이 될 수 있다. 반대로 A는 승승장구하지만 B는 힘겹게 전투를 이어 나가는 장면이라면 둘 사이의 대조를 통해서 이야기가 말하고자 하는 바를 드러내는 수단이 될 수 있을 것이다.

또 한 장면이 끝나고 다른 장면으로 이어질 때 이전 장면의 마지막에 언급되었던 사물이나 인물이 바로 다음 장면에서 등장하게 하는 방법도 있다. 예를 들면 A와 B가 C에 대해 이야기를 하다 해당 장면이 끝나고, 다음 장면에서 C가 등장하는 식이다. 이 경우 새로운 장면이 시작될 때 독자가 느끼게 되는 부담감을 덜어 줄 수 있다.

독특한 느낌을 만들고 싶다면 몽타주처럼 장면을 구성해 볼 수도 있다. 머리를 많이 써야 하는 어려운 방법이긴 하다. 따로 노는 것 같은 여러 장면을 하나씩 보여 주면서 그것들을 연결할 수 있는 장치를 미리 마련해 둔다. 그런 뒤 마지막에 각각의 장면에서 보여 줬던 것들을 이어 붙이면서 이야기의 전체를 보여 주는 식이다. 마치 범죄자의 몽타주를 작성할 때 눈, 코, 입 등을 따로 하나씩 그려나가면서 하나의 얼굴을 완성하듯이 말이다.

(3) 장면의 밀도를 어떻게 높일 것인가

중요한 장면에서 서술에 좀 더 힘을 주고, 그 밀도를 높여 주면 해당 장면의 느낌은 확연히 달라지게 된다.

예를 들어 검투사끼리의 싸움이 그려지고 있다고 하자. 이전 회차의 마지막 장면에서는 A와 B가 검을 서로 맞부딪치며 끝났다. 이제 새로운 회차가 시작하면서 장면이 이어지는데, 여기서 지금까지 나왔던 서술 방식과는 다르게 배경이나 인물의 행동에 대한 묘사를 아주 세밀하게 하는 것이다. 흐르는 땀방울의 모습, 흩날리는 먼지의 모습, 환호하는 관중들의 모습, 칼이 맞부딪치며 튀어 오르는 불꽃의 모습과 소리 등등. 마치 영화나 드라마에서 모든 것이 멈춘 듯, 또는 아주 천천히 움직이는 듯한 느낌으로 장면을 잡을 때처럼 말이다.

이렇게 장면의 밀도를 높이면 그 장면의 긴장감이 올라가면서 다른 장면에 비해 훨씬 집중해서 볼 수 있게 된다. 연재물이라면 "멈췄던 숨이 이제야 쉬어진다" 같은 댓글을 기대해 볼 수 있을 것이다.

(4) 반전을 넣을 것인가

앞에서 어떤 사실을 보여 줬다가 뒤에 가서 그 사실을 뒤집어 버릴 수도 있다. 즉, 반전이 일어나는 것인데, 추리물에서 쓰기 좋은 방법이다.

예를 들어 A라는 인물과 B라는 인물이 있다. B가 말하는 내용에 따르면 A는 편의점에 들렀다가 학원에 갔고 그다음 집에 갔다고 한다. 그런 후 이야기는 B의 말이 사실인 것처럼 진행된다. 그러다 후반부에 가서는 A가 학원에 갔다가 편의점에 들른 뒤 집에 간 것이 드러나게 한다. 간단하게 예를 들기는 했지만 이 방법만으로 이야기 전체를 끌고 간 작품도 있다. 영화 <유주얼 서스펙트>1995가 바로 그것이다. 이 방법을 이야기 전반에 걸쳐 끌고 가지 않고 한 회차 분량으로만 사용하면 '알고 보니 꿈이었다', 또는 '인물의 상상이었다' 같은 식이 될 수 있다. 연재물이 길어진다면 가끔 중간에 짤막하게 쓰기에 괜찮은 방법이다.

(5) 누구의 시점으로 보여 줄 것인가

장면을 보여 주는 눈을 어디에 둘지 고민하는 방법이다. 전체적인 이야기 서술의 측면에서 보자면 요즘은 이야기 속에서 중간중간 서술자가 바뀌는 경우가 꽤 많다. 우리가 학교에서 배웠던 1인칭 주인공 시점이라든지, 전지적 작가 시점이라든지 하는 것이 마구 섞여서 나타난다는 말이다.

물론 시점을 굳이 고정할 필요는 없다. 실제로 순수문학에서도 여러 가지 시점을 혼합하기도 하며 전지적 작가 시점으로 이야기를 풀어 나가더라도 의도적으로 특정 인물의 마음을 서술하지 않는 경우도 있으니 말이다.

영화나 드라마 같은 영상물의 경우는 여기서 조금 자유롭다. 인물들을 외부의 카메라가 잡아 주는 식으로 진행되다가 중간에 급박한 장면에서 주인공이나 주변 인물의 1인칭 시점으로 전환했다가 다시 외부의 카메라 시점으로 돌아가는 식으로 시도할 수 있다.

문제는 한 장면 안에서 시점이 마구잡이로 바뀌는 경우다. 이런 경우 가독성이 떨어질뿐더러 작품 자체도 제대로 쓰인 것이라는 느낌을 주기 힘들다. 만약 시점을 바꾼다면 장면이 바뀔 때 함께 바꿔 주는 쪽이 좋다.

그리고 서술의 중심을 어디다 두느냐에 따라서도 장면이 달라질 수 있다. 이는 이야기를 바라보는 눈이 어디를 어떻게 보느냐의 문제다. 몇 가지 방법을 알아보자.

먼저, 서술하는 인물이 그 장면 안에 없는 상태에서 서술만 하는 방법이다. 예를 들면 영화에서 이야기가 시작할 때 주인공의 목소리만 나오는 경우다. 예를 들면 이런 식이다. "내가 태어나기 전 이야기다. 아빠는 교사였는데, 고3 담임을 할 때 엄마를 만났다. 물론 엄마는 아빠의 제자였다."

두 번째는 이와 비슷하지만 다른 경우다. 바로 어떤 인물이 그 장면에 등장하기는 하지만 실체는 보이지 않는 것이다. 역시 영화를 예로 들면, 주인공이 자기 방에서 카메라 쪽을 보며 뭔가 이야기한다. 그런데 옆에서 "데이비드, 밥 먹어라" 하는 엄마의 목소리가 나온다. 물론 엄마는 카메라에 잡히지 않는다. 이걸 글로 쓴다면 그곳에 엄마라는 인물이 있다는 사실을 알 수 있는 정도로만 서술하는 것이다.

세 번째는 서술의 중심을 한 인물에게만 두는 방법이다. 영화의 특정 장면에서 카메라가 한 인물만 졸졸 따라다니면서 찍는 경우다. 주목해야 하는 인물이 있을 때, 또는 분위기의 전환이 필요할 때 등 여러 상황에서 사용할 수 있다.

마지막은 한 장면 안에 여러 명의 인물을 잡고 서술하는 것이다. 어지럽고 정신없는 장면을 표현할 때 유용한 방법이다. 영화라면 카메라가 장면을 넓게 잡은 상태에서 뛰어다니는 인물, 떠드는 인물, 싸우는 인물, 키스하는 인물 등을 한 번에 보여 주는 식이다.

다음 장에서는 함께 실제 스토리텔링을 해보자. 그 안에서 스토리텔링의 재미를 느끼고 방법도 알아보자.

초보자도 할 수 있는 드라마 쓰기

이제 지금까지 살펴봤던 방법을 활용해서 이야기를 만들어 가보자. 인물을 설정한 후, 그 설정에 따라 인물을 움직여 가며 드라마를 만들어 보도록 하겠다.

이 장은 처음 스토리텔링을 시작하는 사람의 입장에서 썼다. 아무런 계획이 없는 상태라고 가정하고 그저 지금까지 나온 방법을 적절히 사용해 이야기를 만들었다. 따라서 과정에 대해 설명하는 방식으로 글을 진행하지 않고, 직접 스토리텔링을 하며 든 생각을 써나가는 방식으로 내용을 이어 갈 것이다.

드라마 스토리텔링, 방향과 배경 설정부터

따로 생각해 둔 주제도 없고, 계획도 없기 때문에 어떤 이야기를 다루는 드라마를 만들어야 할지 잘 감이 잡히지 않는다. 그러니 일단 1장에서 만든 'TRPG를 이용한 다양한 소재' 표를 활용해서 설정을 만들어 본다.

표에서 무작위로 숫자를 뽑았더니 '외계인, 정치, 감옥, 비행기, 질병'이라는 단어가 나왔다. 이 단어를 156쪽에 있는 표의 '③방향과 배경 선택 요소'에 옮겨 적어 보자.

조금 고민해 봤는데, 정치라는 단어는 비행기에 맞춰서 이야기를 만들기 어려울 것 같다. 그래서 이왕 외계인이 나오니까 비행기를 그와 비슷한 '우주선'으로 바꿔 보았다. 그렇게 되면 감옥도 나오기 어려울 듯해서 감옥의 특징 중 하나인 '닫힌 공간'으로 바꿔 적는다. 이렇게 하니 뭔가 이야기가 만들어질 것 같다. 우주선이라는 닫힌 공간 안에서 일어나는 음모와 감염에 대한 스릴러 말이다. 그리고 미래가 배경인 만큼 상상이 많이 들어가게 될 테니, 지나치게 사실적이기 보다는 느슨하게 사실적인 식으로 이야기를 진행해 나가기로 한다.

이번에는 이를 바탕으로 분위기와 세계관을 설정해 보겠다. 외계 생명체, 질병, 닫힌 공간이라는 단어들의 느낌에 따라 전체적인 작품의 분위기는 어둡고 긴장감이 감도는 분위기로 잡아 본다. 그리고 우주선이 있으니 시간적 배경을 과학 기술이 발달한 먼 미래로 잡고, 사람들의 가치관은 지금 우리가 살아가는 시대와 크게 다를 것 없다고 설정하면 좋을 듯하다. 이제 이걸 정리해서 표의 '④작품의 분위기/세계관'에 적어 둔다.

다음으로 시간적·공간적 배경을 구체적으로 설정해 본다. 시간은 인류가 우주에서 활발히 활동할 수 있을 것 같은 2297년 정도로 잡아 본다. 이 정도면 순간 이동 기술도 만들어지고, 지금은 성공 여부를 두고 말이 많지만 아마 화성의 지구화도 이루어지지 않았을까 싶다. 또 지구의 자원에도 한계가 있을 테니 우주로 자원을 탐사하러 나갈 것 같다. 그렇다면 우주 관련 기술이 중요한 만큼 그런 기술을 가지지 못한 나라는 자연스럽게 다른 나라에 흡수되거나 사라졌을 것이다. 지구에 남은 나라는 10개 정도라고 설정한다. '미래'라는 시간적 배경 부분은 이 정도면 해결된 것 같다.

공간적으로 주 무대가 될 곳은 '닫힌 공간'인 '우주선'이다. 이에 대해 앞의 방법처럼 생각해 본 후 표의 ⑥에 적어 두었다. 우주선에 대한 더 구체적인 사항은 이야기를 진행해 보면서 더 생각해 보자. 물론 처음부터 구체적으로 다 설정해 두면 훨씬 좋지만, 이런 것들에 하나하나 매달리다 보면 이야기를 시작하기도 전에 진이 빠질 수 있기 때문이다. 그러나 우주선의 구조도는 간단하게라도 설정하거나 그려 두면 좋을 것이다.

우주선의 이름이 '나비'인 만큼 한국의 우주선인 것으로 하자. 한국이라는 나라가 설정되니 처음 뽑았던 단어인 '정치'를 반영할 수 있을 것 같다. 정치를 조금 더 큰 개념으로 해석해서 다른 나라와의 경쟁에서 밀리지 않기 위해 다양한 수를 쓰고 있다고 설정하면 좋을 듯하다. 이와 관련해 상상한 것도 정리해 표의 ⑥에 적어 둔다. 나비호는 이 과정에서 '탐사선'으로 설정한다.

이제 마지막으로 외계인이 존재하는 행성을 만들어야겠다. 앞에서 설정을 위해 뽑은 단어 중에 '질병'이라는 요소도 있었으니 이 행성에 존재하는 외계인은 인간이나 커다란 동물 정도의 크기로 설정하기보다 바이러스나 세균 같은 것이라고 해보자. 위와 마찬가지로 생각한 내용을 정리해서 표의 '⑤시간적·공간적 배경'과 '⑥구체적 장소 설정'에 적어 둔다.

'①제목'은 비워 두고 천천히 생각하자. 이야기의 내용이 어느 정도 만들어진 후에 결정해도 되는 부분이다. 그리고 외계 생명체가 인간을 변형시키는 내용이 있는 만큼 혐오스럽거나 폭력적인 장면도 어느 정도 나올 테니 '②대상' 칸에 시청 연령 제한을 15세로 쓴다. 이 정도면 배경 설정도 어느 정도 끝난 것 같다.

표 아래에 인물에 대한 부분이 있는데 일단 비워 두자. 이 표는 이야기를 쓰면서 큰 틀의 차원에서 참고하기 위해 만든 것이다. 바로 뒤에서 인물 표를 따로 작성하게 될 텐데, 인물에 대한 세부 사항은 그 표에 담게 될 것이다. 이 표의 인물 부분은 요약본이라고 생각하고 164~168쪽의 인물 표를 완성한 후 작성하자.

<table>
<tr><td colspan="2">① 제목:</td><td colspan="2">② 대상: 15세 이상의 시청자</td></tr>
<tr><td colspan="4">③ 방향과 배경 선택 요소: 외계인, 정치, 감옥(닫힌 공간), 비행기(우주선), 질병 키워드로 구상한, 우주선이라는 닫힌 공간 안에서 일어나는 음모와 감염에 대한 스릴러</td></tr>
<tr><td colspan="4">④ 작품의 분위기 / 세계관: 어둡고 긴장감이 감도는 분위기 / 지금과 비슷한 사회적, 윤리적 가치관이 유지되는 미래. 과학이 발달했으며 외계 생명체가 존재한다</td></tr>
<tr><td colspan="4">⑤ 시간적·공간적 배경:
2297년 인류는 순간 이동을 통해 우주를 탐험할 수 있는 기술을 가졌다. 순간 이동 기술을 가지지 못한 나라들은 하나둘 사라졌고 10개의 나라만 남았다. 각 나라는 행성을 개척하기 위해 경쟁적으로 탐사선을 쏘아 올리고 있다. 탐사선 나비호는 태양계 밖의 X-5974로 떠난다. X-5974는 지구와 비슷한 환경을 가지고 있으나 식물만 가득하다. 그러나 그곳에는 에너지가 응축되어 있다가 활성화되면 기하급수적으로 늘어나는 광물이 존재한다</td></tr>
<tr><td colspan="4">⑥ 구체적 장소 설정:
ⓐ 한국: 대원들의 나라. 남은 10개의 나라 중 국력은 8위다. 국력 신장을 위한 정치적 음모(외계 생체 무기 개발)가 존재한다
ⓑ 탐사선 나비호: 이야기의 주 무대로, 축구장 절반 정도의 크기에 선원은 25명이 있으며 조종실 겸 통제실, 숙박시설, 식당, 회의실, 기관실, 각종 편의시설 등이 있다
ⓒ X-5974: 태양계 밖 지구와 비슷한 환경의 행성. 동물은 없으며 피보나륨이라는 광물이 존재한다. 이 광물에는 행성의 모든 동물의 파괴 본능을 일깨워 멸종시킨 외계 생명체가 기생한다</td></tr>
<tr><td colspan="4">주요 인물</td></tr>
<tr><td>이름</td><td>욕망</td><td>단점</td><td>관계 / 특징</td></tr>
<tr><td></td><td></td><td></td><td></td></tr>
<tr><td colspan="4">주변 또는 부수적 인물</td></tr>
<tr><td>이름</td><td>특징</td><td>이름</td><td>특징</td></tr>
<tr><td></td><td></td><td></td><td></td></tr>
</table>

스토리텔링 전체 설정 표의 예시

상황에 어울릴 만한 인물 만들기

이제 인물을 만들어 보자. 이야기의 배경과 어울릴 만한 인물의 욕망을 먼저 만들어야겠다. 1장에서 제이슨 모닝스타의 《피아스코》를 활용해서 인물의 욕망을 만들어 보았다. 이번에도 그것을 활용하기로 한다.

---

1. 벗어나고 싶다

① 내가 하고 있는 일로부터

② 부담스러운 책임감으로부터

③ 돌아가기 싫은 지구로부터

④ 나에게 집착하는 사람으로부터

⑤ 과거의 잘못으로부터

⑥ 내가 속한 국가로부터

2. 복수하고 싶다

① 나를 무시한 상관에게

② 나와 헤어진 사람에게

③ 경쟁관계인 국가에게

④ 일을 엉망으로 만들어버린 무언가에게

⑤ 탐사선의 모두에게

⑥ 지구의 인류에게

3. 즐기고 싶다

① 다른 사람을 망치는 것을

② 위험에 몸을 던지는 것을

③ 강력한 항우울제를 투여하는 것을

④ 다른 사람들의 행동을 훔쳐보는 것을

⑤ 내가 하고 있는 일을

⑥ 누군가와 사랑하는 것을

4. 진실을 알고 싶다

① 함선 내 잠긴 문에 대해

② 누군가의 과거에 대해

③ 기밀문서에 대해

④ 과거에 일어났던 사고에 대해

⑤ 누군가의 정체에 대해

⑥ 임무의 진짜 목적에 대해

5. 존중받고 싶다

① 내가 좋아하는 사람에게, 그를 위하는 모습을 통해

② 동료들에게, 그들이 기피하는 일을 해서

③ 나 자신에게, 자신감 있는 모습을 통해

④ 사람들에게, 그들을 도움으로써

⑤ 내가 속한 국가로부터, 그들이 원하는 것을 해줘서

⑥ 친구에게, 그를 위험에서 구함으로써

6. 피하고 싶다

① 나를 위험에 빠지게 하는 것을

② 음침한 분위기의 동료를

③ 비밀이 드러나는 것을

④ 내가 한 거짓말의 대가를

⑤ 헤어진 연인을

⑥ 내가 저지른 나쁜 짓이 들키는 것을

---

(1) 주요 인물을 구체적으로 만들자

5명의 주요 인물을 만든다. 욕망 표를 바탕으로 주사위를 굴려서 각자의 욕망을 2개씩 정해 본다. 그중 한 가지 욕망만 가지고 이야기를 시작해도 되고 두 가지를 다 가지고 시작해도 된다.

인물 A의 욕망

5. 존중받고 싶다 - ⑤ 내가 속한 국가로부터, 그들이 원하는 것을 해줘서

6. 피하고 싶다 - ⑥ 내가 저지른 나쁜 짓이 들키는 것을

인물 B의 욕망

4. 진실을 알고 싶다 - ⑥ 임무의 진짜 목적에 대해

2. 복수하고 싶다 - ⑥ 지구의 인류에게

인물 C의 욕망

6. 피하고 싶다 - ④ 내가 한 거짓말의 대가를

3. 즐기고 싶다 - ③ 강력한 항우울제를 투여하는 것을

인물 D의 욕망

4. 진실을 알고 싶다 - ① 함선 내 잠긴 문에 대해

3. 즐기고 싶다 - ② 위험에 몸을 던지는 것을

인물 E의 욕망

2. 복수하고 싶다 - ① 나를 무시한 상관에게

1. 벗어나고 싶다 - ④ 나에게 집착하는 사람으로부터

혹시라도 모순되거나 서로 부딪치는 욕망은 없는지 살펴본다. 만약 '1. 벗어나고 싶다 - ⑥내가 속한 국가로부터'와 '5. 존중받고 싶다 - ⑤내가 속한 국가로부터, 그들이 원하는 것을 해줘서'가 한 인물의 욕망이 된다면 문제가 생길 것이다.

그러고 보니 '1. 벗어나고 싶다 - ⑥내가 속한 국가로부터'나 '4. 진실을 알고 싶다 - ⑤누군가의 정체에 대해' 같은 욕망을 가진 인물이 있다면 그를 탐사선에 잠입한 다른 나라의 스파이로 쓸 수 있을 것 같다. 주요 인물의 욕망에는 나타나지 않았다. 그렇다면 나머지 인물을 만들 때 누군가에게 이것을 넣어 줘도 좋겠다.

이렇게 만들어진 욕망을 바탕으로 인물을 더 구체적으로 설정해 보고 인물 설정 표를 채우자. 먼저 인물 A의 욕망을 164쪽 표의 ⑬에 적어 주자. '5. 존중받고 싶다 - ⑤내가 속한 국가로부터, 그들이 원하는 것을 해줘서'라는 욕망은 국가로부터 인정받기를 원하는 모습이 보이니 '함장' 역할이 어울릴 것 같다. ③에 '함장'

을 적어 준다. '6. 피하고 싶다 - ⑥내가 저지른 나쁜 짓이 들키는 것을'이라는 욕망도 있는데, 어떤 나쁜 짓을 했던 것일까? 이 욕망은 시작부터 있어도 괜찮겠지만, 이야기가 진행되는 중에 발생해도 괜찮을 듯하다. 함장의 역할을 수행하다 승무원 중 누군가를 죽음으로 몰고 가는 사건이 생기고 그것을 은폐하는 모습을 그려 내는 식이면 될 것 같다.

②성별은 '남자'로 하고 ①이름은 '이장호'로 한다.

③배경은 좀 더 생각해 보자. 나이는 40대 후반, 나비호의 함장이며 지구에 10대인 딸이 있는 것으로 하자. 그리고 가족을 위해 헌신하는 아버지이며 임무에 충실한 대령이라고 정하자.

④외모는 키 180cm 정도에 다부진 체격, 얼굴에는 과거 식민지 전쟁에서 생긴 큰 흉터가 있는 것으로 한다.

⑤가치관은 지휘관급 군인이니 '때로 착하고 때로 못됐다. 규칙을 잘 지킨다'로 해두자.

⑥성격은 '공과 사에서 공을 더 중요시한다, 냉철하다' 정도가 좋을 듯하다.

⑦물건은 시도 때도 없이 물고 있는 파이프 담배로 한다. 그리고 다른 인물의 욕망 중 잠긴 문과 관련된 것이 있으니 함선의 어디든 갈 수 있는 마스터키를 가진 인물로 한다. 나비호의 배경 설정에도 '잠긴 방'이 추가되어야 할 것이다. 권총도 가지고 있다.

⑧과거를 설정해 보자. 외모에서 언급했듯 식민지 전쟁에 참

전했고, 한국 정부의 외계 생체 무기 개발 계획에 오래전부터 참여해 왔다고 해둔다. 이야기를 진행하다 생각나는 것이 있으면 추가하자. 다른 인물들을 설정할 때도 마찬가지다.

⑨장점은 위기 상황에도 흔들리지 않는 평정심으로 설정하자.

⑩특기는 이 인물이 가장 잘 해낼 수 있는 것을 의미한다. 따라서 탐사선 임무 중 상황에 따른 결정권으로 해둔다.

⑪단점은 지위와 관련해 생각해 볼 수 있을 듯하다. 자신의 목적에 맞게 사람을 속이거나 구슬려서 이용하려 하는 점을 단점으로 정하자. 그로 인해 부정적인 일이 발생할 것이다.

⑫목표는 무기로 쓸 수 있는 외계 생명체 발견이다. 한국의 표면적인 목표는 자원 탐사지만 숨은 목표가 존재하는 것이다. 이 목표는 윤리적인 이유로 인해 다른 인물들에게는 비밀로 하며 함장만 알고 있는 것으로 한다. 혹은 함장과 함께 이 비밀 임무를 받은 인물이 있을 수도 있겠다.

⑬욕망은 이미 작성했고 ⑭관계와 ⑮비중은 다른 인물들이 모두 만들어진 후에 작성하자. 그리고 이 이야기에서는 능력과 능력 수치 부분은 활용하지 않으니 비워 둔다.

마찬가지 방식으로 나머지 주요 인물도 설정해 보겠다. 다만 나머지 주요 인물은 완성된 인물 설정 표로만 제시하겠다.

<table>
<tr><td>(인물의 그림이나 사진)</td><td colspan="7">① 이름: 이장호
② 성별: 남
③ 배경: 40대 중후반, 함장, 지구에 10대 후반인 딸이 하나 있음, 가족을 위해 헌신하는 아버지, 임무에 충실한 군인, 계급은 대령, 존경받는 지휘관
④ 외모: 키 180cm 정도에 다부진 체격, 얼굴에는 과거 식민지 전쟁에서 생긴 큰 흉터가 있음
⑤ 가치관: 때로 착하고 때로 못됐다, 규칙을 잘 지킨다</td></tr>
<tr><td colspan="8">⑥ 성격: 공과 사 중 공을 더 중요하게 여김, 냉철함
⑦ 물건: 파이프 담배, 마스터키, 권총
⑧ 과거: 식민지 전쟁에 참전했고, 한국 정부의 외계 생체 무기 개발 계획에 오래전부터 참여함</td></tr>
<tr><td colspan="8">⑨ 장점: 위기 상황에서도 흔들리지 않는 평정심
⑩ 특기: 탐사선 임무 중 상황에 따른 결정권
⑪ 단점: 사람을 속이거나 구슬려서 그를 자신의 목적에 맞게 이용하려 함</td></tr>
<tr><td colspan="8">⑫ 처음 목표: 외계 자원 탐사(표면적 목표)
무기로 쓸 수 있는 외계 생명체 발견(다른 인물에게 비밀)
변경된 목표:</td></tr>
<tr><td colspan="8">⑬ 처음 욕망: 내가 속한 국가로부터, 그들이 원하는 것을 해줘서 존중받고 싶다
변경된 욕망: 내가 저지른 나쁜 짓이 들키는 것을 피하고 싶다(진행 중 발생할 것)</td></tr>
<tr><td colspan="8">⑭ 관계:</td></tr>
<tr><td colspan="8">⑮ 비중: 25</td></tr>
<tr><td>능력</td><td></td><td></td><td></td><td></td><td></td><td></td><td></td></tr>
<tr><td>능력
수치</td><td></td><td></td><td></td><td></td><td></td><td></td><td></td></tr>
</table>

인물 A의 설정 예시

<table>
<tr><td>(인물의 그림이나 사진)</td><td colspan="7">① 이름: 차민우
② 성별: 남
③ 배경: 20대 중후반, 일등항해사, 미혼, 군사학교를 수석으로 졸업, 계급은 대위, 이장호를 존경, 나비호와 관련된 비밀을 알기 위해 탐사 임무에 자원함
④ 외모: 키 185cm 정도에 건장한 체격, 선해 보이는 인상
⑤ 가치관: 착하다, 가끔 규칙을 어긴다</td></tr>
<tr><td colspan="8">⑥ 성격: 호기심이 많음, 배려심이 깊고 인정이 많아서 군인과 맞지 않는다는 말을 듣기도 함
⑦ 물건: 복제한 기밀 접속권한 코드(진행 중 습득하게 됨), 권총
⑧ 과거: 이장호와 같은 군인이 되고 싶어 군사학교에 들어감, 이후 지구에서 우주 탐사국 근무 중 나비호와 관련된 극비 문서의 일부를 우연히 열람, 제대로 보지 못했지만 나비호 프로젝트가 단순한 자원 탐사가 아님을 알게 됨</td></tr>
<tr><td colspan="8">⑨ 장점: 누구와도 친해질 수 있는 매력, 눈썰미가 좋음
⑩ 특기: 남들보다 뛰어난 신체 능력과 지능
⑪ 단점: 잔혹함, 자신은 그 행동이 잔혹한 것인지 모름</td></tr>
<tr><td colspan="8">⑫ 처음 목표: 나비호의 기밀 접속권한 코드를 복제한다
변경된 목표:</td></tr>
<tr><td colspan="8">⑬ 처음 욕망: 임무의 진짜 목적에 대해 진실을 알고 싶다
변경된 욕망: 지구의 인류에게 복수하고 싶다(적절히 변형) → 지구의 인류를 멸종시키고 싶다(감염 후 욕망)</td></tr>
<tr><td colspan="8">⑭ 관계:</td></tr>
<tr><td colspan="8">⑮ 비중: 25</td></tr>
<tr><td>능력</td><td></td><td></td><td></td><td></td><td></td><td></td><td></td></tr>
<tr><td>능력
수치</td><td></td><td></td><td></td><td></td><td></td><td></td><td></td></tr>
</table>

인물 B의 설정 예시

(인물의 그림이나 사진)	① **이름:** 조연지 ② **성별:** 여 ③ **배경:** 20대 후반, 함선의 의사이자 상담사, 미혼, 군인이 아님, 명석한 두뇌, 불행한 과거, 항우울제 투여 중인 것을 들키지 않으려 애씀, 사람들이 잘 찾아오지 않기 때문에 의무실에 혼자 있는 시간이 많다 ④ **외모:** 키 160cm 정도에 마른 체격, 항상 허공을 보고 있는 듯한 눈 ⑤ **가치관:** 착하다, 규칙을 무시한다

⑥ **성격:** 친절하며 다정다감함, 물건을 잘 간수하지 못하고 덤벙거림
⑦ **물건:** 숨겨둔 항우울제
⑧ **과거:** 불우한 가정에서 성장, 10대 시절 가정의 불화 속에서 정신적으로 도피하려 머릿속에 온갖 환상을 만듦, 이후 강력한 항우울제를 통해 환상을 만드는 상상력이 증폭됨을 알고 이를 사용하곤 함

⑨ **장점:** 사라진 물건을 잘 찾음
⑩ **특기:** 의학적 지식, 심리 상담
⑪ **단점:** 항우울제의 부작용으로 헛소리를 한다, 패닉 상태에 빠진다

⑫ **처음 목표:** 사람들에게 들키지 않고 항우울제를 투여한다
변경된 목표:

⑬ **처음 욕망:** 강력한 항우울제를 투여하는 것을 즐기고 싶다
변경된 욕망: 강력한 항우울제를 투여하는 것을 즐기고 싶다 + 내가 한 거짓말의 대가를 피하고 싶다(진행 중 발생할 것)

⑭ **관계:**

⑮ **비중:** 15

능력						
능력 수치						

인물 C의 설정 예시

<table>
<tr><td colspan="2">(인물의 그림이나 사진)</td><td colspan="6">① 이름: 김대현
② 성별: 남
③ 배경: 40대 초반, 미혼, 전투부대 소대장, 거친 성격이지만 전투능력이 뛰어난 군인, 계급은 상사, 이장호와 같은 부대 출신이며 이장호에게 묘하게 정신적으로 조종당하고 있음
④ 외모: 키 175cm 정도에 근육질 체격, 검게 그을린 얼굴, 위험한 인상
⑤ 가치관: 못됐다, 가끔 규칙을 어긴다</td></tr>
<tr><td colspan="8">⑥ 성격: 자신의 물건은 절대 나누지 않는다, 철저하게 이기적이다, 남을 짓밟는 것을 즐긴다, 그러나 이장호 앞에서는 그의 말을 잘 따른다
⑦ 물건: 무기고 보안키, 외계 생명체 표본(진행 중 습득하게 됨)
⑧ 과거: 특별한 과거는 없음</td></tr>
<tr><td colspan="8">⑨ 장점: 동물적인 전투 감각, 함부로 건드릴 수 없는 위압감
⑩ 특기: 격투, 사격 등 전투 관련 전반, 재빠른 손놀림
⑪ 단점: 쉽게 화를 낸다, 자기 파괴 욕구가 있다</td></tr>
<tr><td colspan="8">⑫ 처음 목표: 낯선 행성의 새로운 위험과 맞닥뜨리고 그와 싸운다
변경된 목표:</td></tr>
<tr><td colspan="8">⑬ 처음 욕망: 위험에 몸을 던지는 것을 즐기고 싶다
변경된 욕망: 함선 내 잠긴 문에 대해 진실을 알고 싶다(진행 중 발생할 것)</td></tr>
<tr><td colspan="8">⑭ 관계:</td></tr>
<tr><td colspan="8">⑮ 비중: 15</td></tr>
<tr><td>능력</td><td></td><td></td><td></td><td></td><td></td><td></td><td></td></tr>
<tr><td>능력
수치</td><td></td><td></td><td></td><td></td><td></td><td></td><td></td></tr>
</table>

인물 D의 설정 예시

<table>
<tr><td colspan="2">(인물의 그림이나 사진)</td><td colspan="6">① 이름: 이세연
② 성별: 여
③ 배경: 30대 중후반, 기혼, 아이는 없음, 우주 광물·생물학 박사, 군인이 아님, 명석한 두뇌, 한국 정부에서 보냈으며 이장호와 더불어 나비호의 진짜 목적을 알고 있음
④ 외모: 키 170cm 정도에 매력적인 체형
⑤ 가치관: 때로 착하고 때로 못됐다, 가끔 규칙을 어긴다</td></tr>
<tr><td colspan="8">⑥ 성격: 차가운 성격, 자존심이 매우 강하며 계획적임, 필요 시 자신의 외모를 활용할 줄 앎
⑦ 물건: 마스터키(이장호 외의 인물은 모름), 결혼반지
⑧ 과거: 정부에서 진행하는 외계 생체 무기 개발에 참여, 이장호와는 이때 마찰이 있었으며 자존심에 크게 상처를 입었음, 그것을 마음에 두고 있음</td></tr>
<tr><td colspan="8">⑨ 장점: 신중함, 폭넓은 지식
⑩ 특기: 광물학, 생물학 전반, 거짓말
⑪ 단점: 상대를 배신한다, 비윤리적인 행동을 서슴지 않는다</td></tr>
<tr><td colspan="8">⑫ 처음 목표: 외계 자원 탐사(표면적 목표)
무기로 쓸 수 있는 외계 생명체 발견(다른 인물에게 비밀)
변경된 목표:</td></tr>
<tr><td colspan="8">⑬ 처음 욕망: 나를 무시한 상관(함장)에게 복수하고 싶다
변경된 욕망: 나를 무시한 상관(함장)에게 복수하고 싶다, 나에게 집착하는 사람에게서 벗어나고 싶다(진행 중 발생할 것)</td></tr>
<tr><td colspan="8">⑭ 관계:</td></tr>
<tr><td colspan="8">⑮ 비중: 20</td></tr>
<tr><td>능력</td><td></td><td></td><td></td><td></td><td></td><td></td><td></td></tr>
<tr><td>능력
수치</td><td></td><td></td><td></td><td></td><td></td><td></td><td></td></tr>
</table>

인물 E의 설정 예시

(2) 주변 인물은 비교적 간단하게

탐사선에는 모두 25명의 인물이 있는데, 이는 단역까지 포함한 숫자다. 조연급 인물을 5명 정도 만들어 본다. 조연급 인물은 굳이 욕망을 설정하지 않아도 좋고, 만약 설정한다면 하나만 간단히 만들자. 욕망이 많아지면 이야기도 복잡해지기 때문이다. 주변 인물에 대한 내용은 171쪽의 인물 설정 표에 정리했다.

(3) 인물 설정의 마지막, 관계와 비중 정하기

인물의 비중은 5명의 주요 인물에게 100을 기준으로 나누어 주자. 이야기의 큰 줄기를 고려한 비중이다. 이 작품이 드라마인 만큼 각 회차에서는 전체 비중과는 다르게 특정 인물이 카메라에 더 많이 잡힐 수도 있을 것이다.

인물A 이장호는 인물E 이세연과 비밀을 공유하는 관계다. 각 인물의 설정 표에서 ⑭관계에 서로의 이름을 적고 '비밀 공유'라고 적어 준다. 그리고 이장호는 인물D 김대현을 자기 뜻대로 움직인다. 각 인물의 표에서 ⑭관계에 서로의 이름을 쓰고 '주종 관계' 정도로 적어 놓자. 비밀을 쥐고 있는 만큼 중요한 인물이고 욕망도 사건을 만들기 좋을 듯하다.

이제 앞에 있는 스토리텔링 전체 설정 표에서 비워 둔 부분도 채워 주자. 그리고 ①제목도 정해 보자. 장황한 제목보다는 탐사선의 이름인 '나비'가 어떨까?

주요 인물			
이름	욕망	단점	관계 / 특징
이장호	1. 내가 속한 국가로부터, 그들이 원하는 것을 해줘서 존중받고 싶다 2. 내가 저지른 나쁜 짓이 들키는 것을 피하고 싶다(진행 중 발생할 것)	사람을 속이거나 구슬려서 그를 자신의 목적에 맞게 이용하려 함	이세연 / 비밀 공유 김대현 / 주종 관계
차민우	1. 임무의 진짜 목적에 대해 진실을 알고 싶다 2. 지구의 인류를 멸종시키고 싶다(외계 생명체에 감염된 후의 욕망)	잔혹함, 자신은 그 행동이 잔혹한 것인지 모름	채지영, 채지훈 / 조카(아버지에게 학대당함, 차민우의 누나인 엄마는 사망)
조연지	1. 강력한 항우울제를 투여하는 것을 즐기고 싶다 2. 내가 한 거짓말의 대가를 피하고 싶다(진행 중 발생할 것)	항우울제의 부작용으로 헛소리를 함, 패닉 상태에 빠짐	아직 어떤 관계를 줄지 모르겠음, 누군가 그녀의 비밀을 알게 될 듯, 이야기 진행에 따라 설정하자
김대현	1. 위험에 몸을 던지는 것을 즐기고 싶다 2. 함선 내 잠긴 문에 대해 진실을 알고 싶다(진행 중 발생할 것)	쉽게 화를 냄, 자기 파괴 욕구가 있음	이장호 / 주종 관계 이장호를 제외한 모두 / 대립(결정적인 순간 뭔가를 터뜨린다)
이세연	1. 나를 무시한 상관(함장)에게 복수하고 싶다 2. 나에게 집착하는 사람으로부터 벗어나고 싶다(진행 중 발생할 것)	상대를 배신함, 비윤리적인 행동을 서슴지 않는다	이장호 / 비밀 공유 김광준 / 헤어진 연인(그녀와 관련된 많은 사건이 생길 듯)

주요 인물의 설정 요약 예시

주변 또는 부수적 인물			
이름	특징	이름	특징
김광준	중사, 엔지니어, 남, 중국이 매수한 스파이 **욕망:** 내가 속한 국가(한국)로부터 벗어나고 싶다	군인A	
채지영, 채지훈	밀항자 남매, 화물칸에 몰래 숨어듦 **욕망:** 사람들에게, 그들을 도움으로써 존중받고 싶다	군인B	
박동준	병장, 남, 분대장, 형이 이전 임무에 참여했으나 돌아오지 않았고 그때 어떤 일이 있었는지 파헤치려 함 **욕망:** 그때 일어났던 사고에 대해 진실을 알고 싶다	조리사 3인	
유준헌	소위, 남, 보안장교, 이세연에게 관심이 있음 **욕망:** 내가 좋아하는 사람에게, 그를 위하는 모습을 통해 존중받고 싶다	보조 엔지니어	
전다은	중위, 여, 통신장교, 나비호의 진짜 임무를 알고 있음, 임무는 이장호과 이세연을 감시하는 것, 이장호와 이세연은 그녀의 정체를 모름 **욕망:** 없음	보급관	

주변 인물의 설정 요약 예시

본격적인 이야기의 시작

드디어 본격적으로 인물을 움직여 볼 차례다. 이 드라마는 일단 10~12회 분량으로 생각해 둔다. 이야기의 시작은 지구에서 나비호가 발사되기 전까지의 과정을 다룬다. 그런데 시청자가 흥미를 느낄 수 있게끔 긴장감 넘치는 장면을 먼저 보여 주는 쪽이 좋을 듯하다. 그렇다면 이야기가 한껏 달아오른 중반의 한 장면에서 1화가 시작하도록 구성하고, 의문점이 남을 만한 장면에서 다시 처음으로 가면 어떨까? 아니면 박동준의 형이 나비호 이전 임무에 참여했던 설정을 활용해서, 그 임무를 맡았던 선원이 모두 사망하는 장면부터 보여 주며 시작해도 괜찮을 듯하다. 만약 이 장면이 도입부가 아니라면 박동준의 회상 장면으로 써도 될 것이다. 일단은 이야기를 쭉 만들어 보고 다시 배치하자.

이야기를 시작할 때는 세계관을 보여 준다. 시간적 배경은 자막으로 띄우고, 세계적인 상황은 인물 간의 대화나 브리핑 장면을 통해, 기술이 발달된 모습은 다른 탐사선의 발사와 순간 이동 장면을 보여 줌으로써 이해를 돕는다.

(1) 인물과 배경 소개

이장호를 등장시킨다. 그의 비밀은 처음부터 밝히기보다 나중에 보여 주는 편이 더 재미있을 것 같다. 일단 이장호가 한국에 충성하는 모습과 나라의 인정을 받는 모습을 보여 주자. 대통령을 직접 만나 나비호 발사와 관련한 이야기를 나누는 모습이면 좋을 것이다. 두 사람 모두 X-5974에 대해 잘 알고 있는 모습을 보여 준다. 그러나 이장호는 이후 대원들이 모이는 자리에서 'X-5974가 최근 발견되었으며 강력한 에너지 반응이 있었기에 처음 탐사하는 것'이라고 말한다. 그러면 시청자는 의문을 품게 될 것이다.

차민우는 어려서 이장호의 전설적인 무용담을 듣고 친구들과 전쟁 놀이를 하는 모습을 보여 주다가 현재의 모습을 보여 주자. 그리고 나비호 임무에 지원, 참여하는 모습까지. 아직 나비호 관련 극비 문서를 열람한 장면은 보여 주지 않는다.

조연지는 덤벙거리는 성격을 보여 줄 만한 행동과 함께 나비호 승선 인원이 모두 모이는 자리에 등장시킨다.

김대현은 이장호 옆에 붙여 두고 다른 인물들의 인사에 냉랭한 반응을 보이도록 한다. 또한 의자에 앉는 모습이나 대화 장면에서 그의 거친 면모를 드러낸다.

이세연은 이장호와 인사를 나눌 때 표정이 굳는 모습을 보여 준다. 역시 이장호와의 과거 마찰은 아직 보여 주지 않는다. 또한 시청자가 눈치챌 수 있도록 결혼반지를 화면에 잡아 준다.

나비호가 발사되기 전날 CCTV 화면을 보여 준다. 대충 경계를 서는 군인의 모습과 그 뒤로 빠르게 움직이는 형체를 보여 준다. 채지영과 채지훈이다.

나비호 발사 후, 순간 이동 기술을 통해 이동해 X-5974까지 걸리는 시간은 10일 정도로 하자. 워프게이트에서는 즉시 이동할 수 있지만 거기까지 가는 데 걸리는 시간으로 설정한다. 나비호 내부에서 사람들이 운동하거나 식사하거나 일하는 등의 장면을 통해 나비호의 일상적인 모습을 보여 준다. 어두운 화물칸에 카메라가 갔을 때 들썩이는 상자와 부스럭거리는 소리를 통해 긴장감을 조성한다. 아직은 인물들이 갈등할 일은 없고 각 인물의 성격을 보여 줄 만한 장면을 만든다.

X-5974 주변에 진입한 후, 이장호는 '광물 표본 수집'이라는 임무에 대해 브리핑을 한다. 행성으로 내려가는 인물은 이장호, 차민우, 김대현, 박동준, 그 외 군인 5명이다. 셔틀을 타고 내려가며 돌아갈 때는 나비호와 연결된 강력한 자력을 통해 셔틀은 회수되는 것으로 설정한다. 셔틀은 광물 피보나륨에서 2킬로미터 정도 떨어진 안전한 평지에 착륙한다. 대원들은 가벼운 방호복과 헬멧을 착용하고 있다. 헬멧에는 방독면 기능도 있다.

김대현은 위험에 몸을 던지고 싶다는 욕망에 따라 앞장선다. 피보나륨으로 향하는 중 동물은 전혀 보이지 않고 식물만 무성하다. 모두 의아함을 느끼며 가는 도중에 산성액을 뿜는 위험한 식물이 등장한다. 그 식물의 주변에는 질척한 용액만 가득한데, 앞장서던 김대현은 그것을 밟고, 보이는 것보다 발이 깊이 빠져드는 것을 느끼며 재빨리 다른 군인을 붙잡고 빠져나온다. 해당 군인은 중심을 잃고 넘어지며 심각한 부상을 입는다.

이런 상황 속에서 이장호의 흔들리지 않는 평정심을 보여 준다. 다른 인물들은 피해서 가자고 하지만 김대현은 불을 질러 그 식물을 태워 버린다. 식물이 불타며 터져 나가는 모습으로 위험한 상황을 연출한다. 그리고 노란 포자를 터뜨리는 식물도 등장시켜 역시 위험한 상황을 보여 주고 차민우가 남들보다 뛰어난 신체능력과 지능을 발휘해 대원들을 보호하는 장면, 그리고 김대현이 이기적인 모습으로 이 상황을 벗어나는 모습을 보여 준다.

피보나륨이 있는 곳에 도착한다. 거대한 수정의 모습으로 빛을 내뿜으며 암벽에 잔뜩 붙어 있다. 이장호는 대원들이 놀라는 동안 피보나륨에 접근해 장비를 하나 작동시켜 뭔가를 체크한다. 장비에는 '생체 반응 있음'이라는 글이 뜬다. 그런 뒤 다른 장비로 '피보나륨'의 상태를 체크하고 에너지 안정성을 확인한다. 박동준만이 그의 행동을 유심히 본다. 이들은 피보나륨을 특수한 상자에 담고 나비호로 모두 귀환한다. 위험에 몸을 던진다는 김대현의 목표와 욕망이 달성되었다. 이후 상황을 보며 그의 새로운 목표와 욕망을 설정한다.

X-5974 임무 장면 중간에는 나비호의 상황도 보여 준다. 전다은이 드론으로 촬영되고 있는 대원들의 모습을 보며 한국과 교신하는 모습을 보여 준다. 조연지가 의무실을 잠그고 항우울제에 손대는 모습, 김광준이 기관실에서 스패너를 들고 기둥을 툭툭 건드리며 생각에 잠긴 모습 또한 보여 준다.

(2) 갈등의 시작

갈등이 만들어질 준비가 다 되었으니 본격적으로 인물들이 부딪칠 때다. 여기에서부터 4장 123~124쪽에 있는 욕망 충족 선택지를 적극적으로 활용하며 이야기를 만들 것이다. 그러나 그런 부분을 모두 드러내면 오히려 읽기에 방해가 될 수 있으므로, 그중 중요한 부분이 나오면 이 선택지를 활용하는 예시를 몇 가지 들도록 하겠다.

피보나륨은 나비호 화물칸에 있는 특수한 방에 보관된다. 그 과정에서 채지영과 채지훈이 발견되고 차민우는 이들을 알아본다. 그러나 사보다 공을 중시하는 이장호의 성격 때문에 갈등이 빚어지고 이장호를 향했던 차민우의 존경심에 금이 간다. 또한 '임무의 진짜 목적에 대해 진실을 알고 싶다'는 욕망이 고개를 든다. 여기서 차민우가 과거 극비 문서를 열람하는 장면을 보여 준다.

아이들은 조연지가 데리고 돌보게 되는데 덕분에 조연지 역시 자신의 욕망을 이루기 어려운 상황에 놓여 곤란해진다. 조연지와 차민우가 대화하는 장면을 마련해 아이들의 학대받은 과거에 대해 보여 준다.

밀항자 아이들이 나타났으므로 이들을 어딘가 적절히 활용할 수 있을 것이다. 그들의 욕망은 '사람들에게, 그들을 도움으로써 존중받고 싶다'이다. 따라서 아이들이 이후 다른 선원들에게 도움이 되고 싶어 열심히 움직여 보지만 실수하는 작은 사건을 일으켜 볼 수 있을 것이다. 작은 사건은 전체적인 이야기가 완성된 후, 살을 붙이듯 끼워 넣으면 된다.

지구로 향하는 1일째, 이장호와 이세연은 모두 잠든 시간에 조용히 움직인다. 화물칸의 피보나륨 일부를 들고 나비호의 잠긴 방에서 이전 임무의 원인을 확인하기 위해, 또 지구로 가져갈 수 있을 만큼 안전한지 알아보기 위해 이를 분석하기 시작한다.이세연에게 '외계 생명체의 비밀을 알고 싶다'는 새로운 욕망이 생겼다.

이세연은 이장호와 의논하고, CCTV를 지우기 위해 보안장교인 유준헌의 관심을 이용하기로 한다. 그러면서도 다른 꿍꿍이이세연의 욕망인 '나를 무시한 함장에게 복수하고 싶다'가 있어 보이는 표정을 나타낸다.

전다은은 나비호의 CCTV에 연결된 소형 장비가 따로 있다. 자신의 숙소에 누워서 이장호, 이세연을 지켜보고 있다.

김광준은 인적이 드문 화물칸을 얼쩡거리다가 개인 통신 기기로 중국과 소통하는 장면을 보여 준다. 그는 지구에 도착하기 전에 피보나륨 샘플을 얻기 위해 이장호의 마스터키를 훔칠 기회를 엿보고 있다.

지구로 향하는 2일째, 차민우는 탐사선 운항 상황을 보고하기 위해 함장실에 갔다가 문밖에서 이장호가 누군가와 교신하는 소리를 듣는다. 몇몇 소리와 함께 '외계 생명체'라는 말을 확실히 듣는다. 이후 그는 아무것도 모르는 척 함장실에 들어가 이장호와 대화를 나눈다.

박동준은 X-5479에 다녀왔지만 거기서 이전 임무 대원들이 전멸할 만한 별다른 특이점은 없었던 것을 확인했다. 그는 피보나륨이 수상하다고 생각하기 시작하고, 차민우에게 피보나륨이 인간에게 해가 될 만한 위험한 물질은 아닐지 지나가듯 말한다.

이세연은 유준헌에게 접근한다. 그녀의 매력과 특기 중 거짓말을 활용한다. 유준헌은 쉽게 그녀에게 빠져든다. 이세연은 유준헌이 있는 보안실 키를 복제해서 받는다.

조연지는 밀항자 아이들과 상담하다가 자신의 과거를 회상한고, 다시 항우울제에 대한 욕망이 생긴다. 이를 겨우 이겨 내지만 그녀의 단점인 헛소리를 하게 되고 아이들은 이상하게 여긴다.

지구로 향하는 3일째, 차민우는 CCTV가 없는 곳에 합선이 일어난 것처럼 꾸미고 작은 불을 지른다. 그러고는 함장실로 운항 상황을 보고하러 간다. 잠시 후 누군가 불이 났음을 알리고 화재 경보가 울린다. 차민우는 이장호와 함께 뛰어나가다가 함장실로 돌아와 기밀 접속 권한 코드를 복제한다.차민우가 첫 번째 목표를 달성한다. 새로운 목표를 부여해야 하지만 아직 욕망은 해결되지 않았으므로 임무의 진짜 목적을 확인하게 되는 시점에서 새로운 목표를 부여한다. 이후 현장에 조금 늦게 합류해 사람들 틈에 섞여든다. 김대현은 엔지니어 김광준에게 보라는 듯이 보조 엔지니어를 걷어차고 구타한다. 그 위압감에 모두가 어쩌지 못하는 가운데 차민우가 끼어들어 말림으로써 자신의 존재를 드러내 이장호의 의심을 피한다.

차민우는 김대현을 말리며 생긴 상처를 치료하기 위해 조연지를 찾아간다. 상처를 치료하고 나서 채지영, 채지훈과 차민우가 대화하는데, 조연지가 어딘가 불안해 보인다.

이번에는 이세연의 회상 장면을 보여 준다. 과거 이장호에게 그녀의 자존심이 크게 상처받을 정도로 무시당하는 장면이다. 이후 모두 잠든 시간 이세연은 이장호와 함께 잠긴 방으로 향하다가 이유 없이 잠긴 방에 가지 않겠다고 말한다. 작은 말다툼 후 이장호는 이세연을 끌고 간다. 김대현이 이 소리를 듣고 이세연의 마스터키로 둘이 잠긴 방 안에 들어가는 것을 본다. 김대현의 변경된 욕망인 '함선 내 잠긴 문에 대해 진실을 알고 싶다'가 발생한다. 목표는 이세연의 마스터키를 훔치는 것이다. 이후 이장호와 이세연은 다시 실험을 진행한다. 이들이 나간 후 피보나륨과 접촉한 생쥐가 이상 반응을 보이기 시작한다.

(3) 욕망 충족 선택지의 활용

이런 식으로 설정해 둔 부분을 활용해 인물이 그 상황에 따라 움직이도록 하면 이야기가 만들어진다. 이야기의 이후 부분은 이보다 간단히 욕망에 따른 행동과 사건으로 정리하겠다. 또한 123~124쪽에서 본 욕망 충족 선택지나 98쪽에서 보았던 '갑작스럽게 사건을 전환하는 전개' 방법을 활용하는 자세한 예를 들 것이다. 앞부분은 내용을 조금 상세하게 적은 편이며, 실제 스토리텔링은 지금부터 이어질 부분처럼 해보는 쪽이 더 좋다.

차민우는 이전에 복제한 코드로 기밀문서에 접근해 이전 임무에서 대원들이 피보나륨을 옮겨 오다 전멸했다는 사실을 알아낸다. 피보나륨이 문제라는 것을 짐작하고, 이전에 박동준이 했던 말이 생각나 그를 찾아가 대화를 나눈다.

김대현은 자신의 특기인 재빠른 손놀림으로 이세연의 마스터키를 훔친 후 잠긴 문 안을 확인한다. 이에 대해 이장호에게 물어보기로 결심한다. 김대현의 변경된 욕망인 '함선 내 잠긴 문에 대해 진실을 알고 싶다'가 해결되었다. 이후 김대현은 이세연이 종종 지나다니는 길에 마스터키를 버려둔다.

이세연은 조연지와 대화하던 중 그녀의 덤벙거리는 성격을 지적한다. 조연지는 덤벙대지만 물건은 잘 찾는다고 말하고, 이세연은 자신이 잃어버린 열쇠를 찾을 수 있겠느냐고 묻는다. 마스터키인 것은 말하지 않는다. 또한 유준헌이 자리를 비운 틈에 CCTV에서 자신과 이장호가 잠긴 방으로 향하는 영상 몇 개를 지운다. 그러나 몇몇 영상과 이장호가 자신을 끌고 가는 장면은 남겨둔다.

유준헌은 태만한 편이지만설정 추가, 문득 CCTV를 돌려 보다 이장호와 이세연의 문제의 장면을 목격한다. 그는 이세연에게 물어본 후 그녀의 특기인 거짓말에 속아 이장호가 더러운 행동을 하고 있다며 모두의 앞에서 크게 문제 삼는다.

이장호에게 큰 위기가 발생한 상태다. 이장호는 이세연의 짓임을 눈치채지만 피보나륨에 대해서 말할 수도 없는 상황이다. 이세연의 계획적인 성격이 성공적으로 작동한 것이다. 그러나 전다은이 자신의 정체를 밝히고 이장호의 결백을 주장하며 변수가 생긴다. 그러면서도 나비호 탐사의 진짜 목적은 밝히지 않는다.차민우의 욕망은 좌절되었기 때문에 계속 유지된다.

여기서 이장호의 욕망인 '내가 속한 국가로부터, 그들이 원하는 것을 해줘서 존중받고 싶다'에 대해 욕망 충족 선택지를 적용해 보자. 그가 욕망을 충족하려는 과정에 문제가 생기는 상황을 고르면 어떨까?

이장호의 단점, 즉 사람을 속이거나 구슬려서 그를 자신의 목적에 맞게 이용하려 하는 성격이 나타나게 되고 함선의 인원들에게 이를 적용하지만 결과는 그에게 더 나쁜 방향으로 흘러간다. 그에 대한 사람들의 존경심이 무너지는 것이다. 그럼에도 그를 따르는 사람들이 여전히 존재해 탐사선은 일등항해사인 차민우를 따르려는 사람들과 이장호를 따르려는 사람들로 나뉘게 된다. 이장호는 상명하복상하관계가 분명함을 이르는 말에 대해 말하며 위협한다.

김대현은 이장호에게 자신이 잠긴 방에서 본 것에 대해 말한다. 이장호는 '주종 관계'를 활용해 그를 납득시킨다.

이후 유준헌은 이세연에게 집착하는 모습을 보인다.이세연의 욕망 '나에게 집착하는 사람에게서 벗어나고 싶다'가 생긴다. 이세연은 옛 연인인 김광준에게 접근해 유준헌을 피하려 한다.이세연의 단점인 '상대를 배신한다'가 발동한다.

이장호는 잠긴 방 안에서 생쥐가 사라진 것을 발견한다. 사육통은 파괴되어 있고 방 한구석에는 쥐구멍이 생겨 있다. 그는 위험성을 느끼고 특기인 '결정권'을 활용해 탐사선 내부 인원을 통제한다. 그러나 이유는 알리지 않는다.

실추된 권위 때문에 그런 행동을 하는 것으로 보고 차민우를 주축으로 다시금 반발이 일어나지만 김대현이 이들을 제압한다. 그 과정에서 차민우는 이전 임무에 대해 왜 대원들이 모두 전멸했는지 물어본다. 이 탐사의 진짜 목적에 대해 자신이 조사한 것을 바탕으로 묻지만 이장호는 '평정심'을 활용해 위기를 넘긴다.

이세연은 이장호와 잠시 협력해 원인을 찾는 것에 집중한다. 이세연은 외계 생명체가 나비 애벌레가 번데기로 변할 때와 비슷한 호르몬 작용을 통해 동물을 변화시킨다는 사실을 알아낸다. 또한 피부 접촉만으로도 감염되며 잠복기는 2~3일 정도인 것도 알아낸다설정 추가. 이를 알릴지 고민하다 인간에게는 어떻게 어떤 반응을 보이는지 도망친 쥐를 통해 과정을 지켜보기로 하고 자신의 컴퓨터에만 연구 기록을 남긴다.단점인 '비윤리적인 행동을 서슴지 않는다'가 발동한다.

여기서 이야기 중간에 이세연에게 새로 부여되었던 '외계 생명체의 비밀을 알고 싶다'라는 욕망에 대한 선택지를 보도록 하자.

① 연구에 대한 이세연의 욕망은 **충족된다.** 따라서 사람들에게 또는 이장호에게 이 사실을 알릴 것이다. **그러나** 그녀의 단점인 '상대를 배신한다'가 발동되어 고의로 사실의 일부분을 감출 것이다. 또는 단점이 발동하지 않더라도 어딘가 나쁜 일이 일어나게 될 것이다.

② 연구에 대한 욕망은 **충족된다. 그리고** 이 외계 생명체를 없앨 방법까지 알아낼 수 있을 것이다. 그러나 이렇게 진행된다면 문제가 갑자기 해결되어 버리는 느낌을 줄 것이다. 따라서 선택하지 않는다.

③ 연구에 대한 이세연의 욕망은 모두 **충족되지 않는다.** 그렇기 때문에 그녀는 사람들에게 알리지 않고, 인간에게 외계 생명체가 어떤 반응을 보이는지 좀 더 지켜보려 할 것이다. **그러나** 뭔가 긍정적인 일이 발생하므로 이세연을 기준으로 한다면 외계 생명체를 없앨 단서를 찾게 될 수 있다. 나비호 사람들을 기준으로 '그러나'가 적용된다면 어떤 이유로 갑자기 외계 생명체가 사라지게 될 것이다.

④ 연구에 대한 이세연의 욕망은 모두 **충족되지 않는다.**

이세연은 인간에 대한 외계 생명체의 반응을 좀 더 지켜보기로 한다. **그리고** 그녀의 단점이 발동되어 비윤리적인 행동을 할 것이다. 이 선택지가 이번 이야기에 해당한다.

조연지는 이세연의 마스터키를 찾아낸다. 그 근처에는 쥐구멍이 생겨 있는데 외계 생명체에 감염된 쥐가 조연지의 손가락을 문다. 이를 발견한 박동준이 쥐를 밟아 터뜨려 죽인다.

박동준은 차민우에게 공격적인 쥐에 대해 이야기하고 둘은 이장호가 통제한 것이 피보나륨 때문이라는 확신을 가지게 된다. 둘은 쥐에게 물린 조연지에게도 그 생각을 말하고 조연지의 몸을 검사하며 조연지가 가진 지식의 범위 안에서 이상이 없는지 살펴본다. 이 과정에서 조연지의 항우울제가 밝혀진다. 조연지의 목표인 '사람들에게 들키지 않고 항우울제를 투여한다'가 실패한다. 그와 유사한 욕망도 좌절되지만 중독은 쉽게 사라지지 않으므로 유지된다. 또한 새로운 욕망인 '내가 한 거짓말의 대가를 피하고 싶다'가 생긴다.

이장호는 김광준이 이세연의 옛 연인인 것을 알고 있다. 그리고 최근 유준헌이 이세연에게 치근거리는 것을 이용하기로 한다. 이상호는 이세연이 피보나륨 분석 결과를 컴퓨터에 남겼다는 사실을 안 후 김광준의 총으로 이세연을 죽인다.이장호의 새로운 욕망 '내가 저지른 나쁜 짓이 들키는 것을 피하고 싶다'가 생긴다. 이 시대의 총은 목표에게 고유의 특별한 흔적을 남기는 것으로 설정한다.추가 설정

이세연이라는 주요 인물이 하나 퇴장했으니 이쯤에서 사건을 갑작스럽게 전환해 보면 좋을 듯하다. 나비호 전체에 어떤 위기가 찾아오면 재미있을 듯하니 '혼란'의 요소를 적용해 보자. 그러면 이렇게 해볼 수 있을 것 같다.

그 와중에 김광준은 나비호가 워프게이트 진입 후, 태양계 근처에 도달했을 때 중국의 스파이로서 피보나류 샘플을 확보하기 위한 시간을 벌기 위해 통신시설과 엔진을 고장 낸다. 김광준의 기본 설정과도 어울리는 혼란이 만들어진 듯하다. 그리고 처음에 나비호를 설정할 때 생각했던 핵융합의 위험도 여기서 보여 줄 수 있게 되었다.

함장의 몰락이나 탐사선의 내분 쪽이 피보나륨을 확보하기에도 유리하기 때문에 차민우 쪽에 섰던 김광준은 차민우가 알아낸 내용들을 바탕으로 피보나류 확보를 위해 잠긴 방에 들어갔다가 피보나륨에 접촉해 최초 감염자가 된다.

아직 김광준이 잠복기인 와중에 이세연의 시체가 발견되고 그녀가 죽은 것이 김광준의 총에 의한 것임이 밝혀진다. 당황하던 김광준, 마침 변이가 시작되고 공격적으로 변한다. 그에게 공격당한 2명의 군인은 크게 다치지만 생명에는 지장이 없다. 김대현

과 차민우가 김광준을 총으로 제거한다. 그의 소지품에서 중국과의 교신기가 발견된다. 공격당한 군인들은 이미 감염된 상태다. 그러나 조연지가 이상이 없었기 때문에 누구도 그들이 감염되었을 것이라 생각하지 못한다. 그 때문에 중국이 원인일 것이라 생각하게 된다. 군인들은 조연지가 치료해 준다.

엔진 고장으로 핵융합 에너지 저장 한도를 초과해 폭발할 위기에 처한다. 인물들은 이를 막기 위해 잠시 힘을 합쳐 움직이며 보조 엔지니어는 열심히 엔진을 고쳐 어렵사리 복구한다. 이 과정을 통해 탐사선 내에는 약간의 평화가 찾아온다.

이장호는 이세연의 컴퓨터에서 피보나륨의 외계 생명체가 어떤 식으로 감염되는지 알아낸다. 즉시 이 사실을 함내 방송을 통해 알리지만 이미 김광준과 접촉했던 사람들은 변이가 시작되었고, 나비호는 피범벅이 되어 간다. 이장호의 '내가 속한 국가로부터, 그들이 원하는 것을 통해 존중받고 싶다'는 욕망이 좌절된다.

감염자로 인해 나비호의 사람들이 하나둘 사라져 가고 그 과정에서 차민우의 활약상을 그린다. 동시에 그의 단점인 잔혹함도 보여 준다. 이것은 일종의 복선이 된다. 결국 남은 인물은 이장호, 김대현, 차민우, 조연지, 채지영, 채지훈, 박동준, 군인 두 명이다.

차민우와 박동준은 감염되어 괴물처럼 변한 김대현을 상대한다. 박동준은 사망하고 차민우는 김대현을 제압하지만 그 과정에 감염되고 만다.

조연지는 이미 여러 번 감염자와 접촉했음에도 변이가 일어나지 않았다. 차민우는 변이가 일어나지 않는 원인이 항우울제일지도 모른다는 판단을 내리고 스스로 항우울제를 투여한다. 그에게서도 변이가 일어나지 않는다.

여기서 차민우가 할 수 있는 행동에 대한 결과를 선택지로 나누어 본다면 다음과 같이 될 것이다.

---

① 항우울제는 **변이를 막는다. 그러나** 처음부터 몸속에 항우울제 성분이 있었을 경우만 효과가 있다. 이미 감염된 이후라면 항우울제가 오히려 돌연변이를 일으킨다. 외계 생명체는 차민우를 잠식하면서 눈에 띄지 않게 근육을 강화하고 그 지능까지 활용할 줄 알게 될 것이다. 이에 대해서는 뒤의 장면에서 밝혀진다.

② 항우울제는 **변이를 막는다. 그리고** 차민우는 인간으로서의 이성을 유지한 상태에서 외계 생명체를 통해 신체 능력만 강화할 수 있을 것이다.

③ 차민우에게도 **변이가 일어날 것이다. 그러나** 신체는 괴물의

형태가 되어도 이성은 유지되는 상태가 될 수 있을 것이다. 또는 괴물로 변해 이성이 사라져 가는 와중에 자신을 스스로 파괴할 수도 있다.

④ 차민우에게도 **변이가 일어날 것이다. 그리고** 항우울제의 영향이 외계 생명체에게 반발력을 만들어 더 크고 강한 괴물로 변하게 되거나, 또는 변하는 과정에서 몸이 견디지 못하고 터져 버릴 것이다.

시간이 흘러 지구에 가까워졌다. 그 사이에 차민우를 따르던 군인 한 명은 아무도 모르게 차민우의 손에 죽는다. 시청자들에게 궁금증을 남긴다. 이장호와 차민우의 마지막 대치 장면이다. 이장호는 채지영과 채지훈을 인질로 잡고 차민우에게 총을 겨눈다. 특기이던 '평정심'이 무너진 이장호는 이세연의 죽음부터 임무에 대한 것까지 모두 털어놓는다. 그러면서 어떻게든 피보나륨만 한국으로 가져가면 된다고 말하지만 차민우는 그것은 너무 위험하다며 거부한다. 이장호의 욕망인 '내가 저지른 나쁜 짓이 들키는 것을 피하고 싶다'가 좌절된다. 그리고 차민우의 욕망인 '임무의 진짜 목적에 대해 진실을 알고 싶다'는 달성되었다.

둘의 설전 후 이장호는 방아쇠를 당긴다. 그러나 차민우는 인간의 것이라 보기 힘든 움직임으로 이장호를 쓰러뜨리고 제압한다. 그런 뒤 그에게 "대령님도 이제 변할 겁니다"라고 속삭인다. 이장호가 움찔하며 "설마, 너…" 하는 순간 차민우는 그의 숨을 끊으며 "괜찮아요. 저 혼자라도"라는 대사를 남긴다.

이미 감염된 차민우에게 투여된 항우울제로 인해 돌연변이를 일으킨 외계 생명체가 차민우를 잠식하면서 눈에 띄지 않게 근육을 강화하고 그 지능까지 활용할 줄 알게 된 것이다. 이후 안도하던 조연지와 채지영, 채지훈도 차민우의 손에 죽게 된다. 나비호의 통제실 창 앞에 홀로 서 있는 차민우, 그 너머로 지구가 보인다. 차민우의 새로운 욕망인 '지구의 인류를 멸종시키고 싶다'가 생긴다.

이야기가 끝난 뒤

이 드라마는 인물을 움직이면서 사건이 발생하고 해결되기도 하면서 결국 열린 결말로 끝이 났다. 이런 식으로 스토리텔링을 해나가다 보면 설정이 반영되지 않는 부분이 생기기도 한다. 그런 경우 다시 찬찬히 살펴보며 이야기 속에 그 설정을 추가해 주어도 좋고, 이야기의 흐름에 지장이 없다면 무시해도 좋다.

예를 들어 이렇게 만들어 본 드라마에서도 항우울제의 효과는 처음 설정할 때는 없었다. 이야기를 만들다 보니 외계 생명체의 감염을 억제하는 요소로 쓰일 수 있을 것 같아 그렇게 해봤을 뿐이다.

그리고 이장호에게 '내가 저지른 나쁜 짓이 들키는 것을 피하고 싶다'라는 욕망은 생겼지만 이야기가 진행되는 과정에서 더 큰 사건이라 할 수 있는 '감염자 발생'이 나타나면서 그 욕망이 사건에 미치는 영향이 상당히 옅어졌다. 그리고 이세연의 욕망은 그녀가 죽으면서 완전히 사라져 버렸다. 김대현의 '무기고 보안키' 역시 큰 역할을 하지는 못했다. 그러나 이런 물건은 이후 살을 붙이는 과정에서 다시 활용할 수 있을 것이다.

전체적인 이야기를 완성했다면 반드시 다시 이야기를 다듬어야 한다. 인물들의 욕망을 따라가며 만들어진 이야기이기 때문에 군더더기가 많이 생겼을 것이다. 특히, 두세 가지 큰 사건이 함께 생겨 버리면 이야기는 복잡해지기 마련이다. 그러므로 사건들이 꼬이지 않게, 한 번에 일어나는 큰 사건이 한둘이 되도록 가지를 쳐내야 한다.

그럴 때에는 다시 스토리텔링의 처음으로 돌아가자. 인물의 기존 욕망을 삭제해 욕망이 없는 인물을 만들어 보면 좋다. 또는 인물이 가진 목표와 욕망 중 하나만 사용하면, 쉽게 가지를 칠 수 있다. 사라진 목표나 욕망만큼 인물이 일으키는 사건도 줄어들기 때문이다.

예시를 보여 주기 위해 이렇게 한 것이기는 하지만, 이 드라마의 경우도 외계 생명체의 비밀, 임무의 진짜 목적, 살인 사건, 이전 임무에 투입된 병사의 동생, 감시자, 중국의 스파이, 핵융합의 위험 등 사건을 일으킬 요소가 너무나 많다. 그렇기 때문에 상당히 복잡한 느낌이 든다. 이는 인물을 움직이는 힘인 욕망이 많기 때문에 발생하는 일이다. 이 중 몇 가지 요소만 삭제해도 훨씬 이야기는 간결해질 것이다. 만약 '살인 사건'이라는 큰 요소가 사라진다면 어떤 이야기가 되었을까? 또는 '임무의 진짜 목적'이 없었다면?

또한 대본을 만들 때는 대사와 함께 살을 붙여 주는 것도 필요하다. 나비호의 일상 장면이나 별것 아닌 듯하지만 인물의 특징을 보여 줄 수 있는 장면 같은 것 말이다.

회차를 나눌 때의 팁

이야기 종류가 드라마인 만큼 전체적인 이야기가 완성되었다면 회차를 나눠야 한다.

시작은 역시 나비호 이전 임무 장면을 보여 주며 긴박감을 주는 것이 좋을 듯하다. 그렇게 해서 인물들이 만난 후 나비호 발사 전날 밀항자 아이들이 숨어드는 장면까지 보여 주고 끊거나, 그 후 화물칸 상자가 들썩이는 장면에서 끊자.

다음 회차는 행성 X-5974에 도착한 후 외계 식물로 인해 위기를 겪기 시작하는 장면에서 끊어주면 역시 좋을 듯하다.

그다음은 피보나륨을 상자에 담는 데까지 보여 준 후 나비호에서 일어나고 있는 장면들을 보여 주면서 끝내면 시청자에게 충격과 호기심을 일으킬 수 있을 듯하다.

회차를 나눌 때에는 시청자가 궁금해 할 장면들에서 해당 회차를 끊어주는 것이 좋다. 그리고 한두 회차 정도는 시청자가 마음이 편해질 수 있도록 어떤 사건이 완결된 상태에서 끝내 주는 것도 좋다.

지금까지 예시와 함께 스토리텔링의 과정을 살펴보았다. 인물들을 자유롭게 움직여 보기만 해도 다양한 사건이 발생할 수 있다는 것을 알게 되었을 것이다. 여기서는 드라마 스토리텔링을 다루었지만, 영화나 웹툰, 웹소설에서도 같은 방법을 적용해 보면 된다. 이 과정을 따라가 보고 적절히 활용하면 아마도 수많은 이야기를 만들어 낼 수 있을 것이다.

다음 쪽부터 스토리텔링에 활용할 수 있는 표들을 수록했다. 이번 장에서 나비호 이야기를 만드는 데 사용한 표들이다. 196쪽에는 1장 33쪽에서 소개한 활동을 직접 해볼 수 있는 표를 수록했다. 인물의 능력을 수치화하고 각 수치의 내용을 정리할 수 있는 표다. 여러분이 직접 이야기를 만드는 데 많은 도움이 되기를 바란다.

① 제목:	② 대상:
③ 방향과 배경 선택 요소:	
④ 작품의 분위기 / 세계관:	
⑤ 시간, 공간적 배경:	
⑥ 구체적 장소 설정:	

스토리텔링 설정 표

주요 인물			
이름	욕망	단점	관계 / 특징
주변 또는 부수적 인물			
이름	특징	이름	특징

인물 설정 요약 표

<table>
<tr><td colspan="2">(인물의 그림이나 사진)</td><td colspan="6">① 이름:
② 성별:
③ 배경:
④ 외모:
⑤ 가치관:</td></tr>
<tr><td colspan="8">⑥ 성격:
⑦ 물건:
⑧ 과거:</td></tr>
<tr><td colspan="8">⑨ 장점:
⑩ 특기:
⑪ 단점:</td></tr>
<tr><td colspan="8">⑫ 처음 목표:
변경된 목표:</td></tr>
<tr><td colspan="8">⑬ 처음 욕망:
변경된 욕망:</td></tr>
<tr><td colspan="8">⑭ 관계:</td></tr>
<tr><td colspan="8">⑮ 비중:</td></tr>
<tr><td>능력</td><td></td><td></td><td></td><td></td><td></td><td></td><td></td></tr>
<tr><td>능력
수치</td><td></td><td></td><td></td><td></td><td></td><td></td><td></td></tr>
</table>

인물 설정 표

능력 수치	설명

인물의 능력 수치에 대한 설정 표

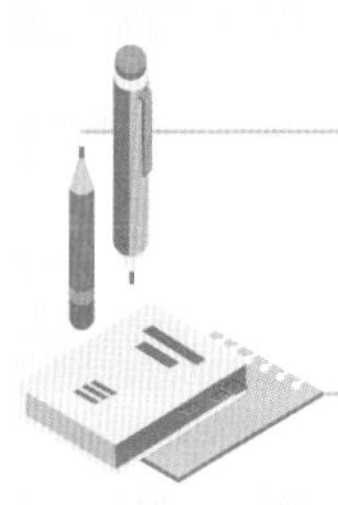

진로 찾기 **구성 작가**

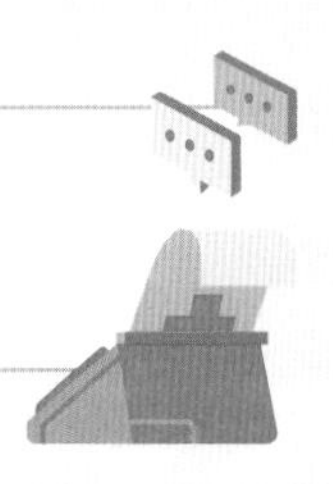

방송작가는 말 그대로 방송국에서 프로그램의 대본을 쓰는 직업이다. 크게 구성 작가와 드라마 작가로 나뉜다. 그중 구성 작가는 드라마를 제외한 라디오나 TV 프로그램, 쇼나 코미디 등의 예능 프로그램이나 다큐멘터리 같은 교양 프로그램의 대본을 작성하는 사람이다. 방송이나 영화에 대한 평론을 작성하기도 한다.

구성 작가가 활동하는 범위는 매우 넓다. 대본 작성뿐만 아니라 프로그램 기획, 구성, 자료 수집, 섭외 등도 함께한다. 방송 원고를 만들기 위해 필수적으로 필요한 밑 작업이다. 따라서 이야기를 만드는 능력 외에, 취재하고 조사한 자료를 모으고 정리하는 능력도 중요하다.

그리고 사람을 많이 만나고, 섭외도 해야 하는 직업이기 때문에 무엇보다 인간관계 능력, 즉 다른 사람과 친밀감을 쌓고 좋은 관계를 유지하는 능력이 중요하다.

구성 작가는 막내 작가리서처, 보조 작가서브 작가, 그리고 한 프로그램 전체를 담당하는 수석 작가메인 작가로 나뉜다. 보통 이 구성으로 팀을 이뤄서 프로그램을 만들어 간다.

막내 작가는 주로 발로 뛰거나 정리하는 일을 한다. 프로그램 구성에 필요한 사람을 만나 인터뷰하거나 섭외하고 자료 조사, 보도자료 작성, 회의록 작성 등을 한다. 방송 일을 처음 시작하는 단계이기 때문에 그 요령을 배우는 시기라 할 수 있다.

보조 작가는 인터뷰, 섭외 등과 더불어 구성안 작성, 대본과 자막 작성 같은 일을 한다. 그동안 배운 방송 노하우를 활용하면서 자신의 스토리텔링 능력을 보여 줄 수 있는 사람이기도 하다.

수석 작가는 방송 제작을 위해 필요한 사람과 전체적인 줄거리 등에 대해 계획하고 팀 내 작가들의 역할을 분담, 조정하는 사람이다. 그리고 보조 작가들이 작성한 대본들로 전체 프로그램의 대본을 최종적으로 조정하며, PD와 협력해 프로그램이 가야 할 방향을 정하고 이끌어 간다. 그동안 쌓인 경력을 바탕으로 재미있는 프로그램이 될 수 있게끔 만드는 것이다.

구성 작가가 되고 싶다면 문예창작학과, 극작과, 연극영화과, 신문방송학과, 국어국문학과 등으로 진로를 정하면 도움이 될 것이다. 해당 학과로 진학하지 않더라도 방송 관련 아카데미와 같은 전문 교육 기관에서 교육받고 수료하는 방법도 있다. 최근에는 이쪽에서 구성 작가로 더 많이 진출하고 있다.

진로 찾기 드라마 작가

드라마 작가는 라디오나 TV, 온라인상에서 제작되는 드라마의 대본을 집필하는 사람이다. 드라마의 내용을 창작하는 만큼 PD와 더불어 드라마 제작에서 가장 중요한 역할을 한다. 작품의 방향성으로 보면 소설가와 웹소설 작가의 중간쯤인 경우가 많다. 재미와 자극적인 요소만 추구하기보다 작품 내적인 완성도도 추구하는 쪽이 더 좋은 평가를 받을 수 있기 때문이다.

드라마 작가 역시 한 편의 작품을 창작하기 위해 소설가와 비슷한 과정을 거친다. 말하고자 하는 바를 정하고, 필요한 자료를 수집하고, 인물 설정과 전체적인 줄거리를 구상한다. 드라마는 많은 시청자가 접하는 매체를 통해 방영되는 만큼 사실적인 설정이 특히 중요하다. 그렇기 때문에 자료 수집에 많은 시간과 정성을 들여야 한다.

스토리텔링의 틀이 준비되었다면 인물의 대사와 동작 등을 구체적으로 작업한다. 자신이 구상한 작품의 분위기에 맞는 배우를 섭외하는 일에 관여하기도 한다. 간혹 연기력 논란에 휘말리는 배우들을 보면 대본이 문제인 경우도 있다. 대본에 쓰여 있는 대사가 현실에서 잘 쓰이지 않는 문어체글을 쓸 때 사용하는 문체로 되어 있어 어색하게 느껴지는 경우다. 또한 현실과 동떨어진 대사나 사건을 만들지 않도록 주의해야 한다. 그리고 많은 사람이 공감할 수 있는 드라마를 만들려면 풍부한 감성과 공감 능력이 필요하다. 그뿐만 아니라 작품이 식상해지지 않으려면 창의력과 상상력, 구성에 대한 감각이 있어야 하며 트렌드도 잘 읽어 내야 한다. 또한 드라마를 제작하는 과정에서 많은 사람을 만나야 하는 직업이기 때문에 원만한 관계를 맺는 능력도 중요하다.

드라마 작가가 되고 싶다면 문예창작학과, 극작과, 연극영화과, 신문방송학과, 국어국문학과 등으로 진학하면 도움이 될 것이다. 물론 드라마 작가 연수 프로그램이나 방송 관련 아카데미와 같은 전문교육기관에서 교육받으며 준비할 수도 있다. 소설가의 등단 과정과 같이, 각 방송사나 드라마 제작사의 드라마 극본 공모전에 응모해 당선되면 드라마 작가로서의 자격이 생긴다고 볼 수 있다. 물론 우리나라의 드라마가 세계적으로 유명해진 만큼 그 경쟁률도 매우 높은 편이다.

롤 모델 찾기 영화감독 봉준호

1969년 대구광역시에서 태어났으며 <기생충>2019, <괴물>2006, <살인의 추억>2003 등으로 대중에게 잘 알려진 영화감독이다. 봉준호는 예술성, 오락성, 대중성, 독창성을 모두 갖춘 영화를 만드는 감독으로 평가받는데, 특히 <기생충>은 2019년 칸 영화제에서 황금종려상을, 2020년 아카데미 시상식에서 각본상, 국제영화상, 감독상, 작품상을 수상하며 영화계에 한 획을 그었다.

그런 그도 처음부터 성공한 감독은 아니었다. 장편 데뷔작인 <플란다스의 개>2000를 극장에서 개봉하던 날, 그는 자신의 영화를 보다가 '정말 말도 안 되는 걸 만들어 버렸다'고 생각하며 엔딩 크레딧도 미처 다 보지 못하고 도망쳐 나왔다고 한다. 그런 만큼 <플란다스의 개>는 대중에게 주목받지 못한 작품이었다.

그렇게 한차례 실패를 겪은 후 그는 범죄 스릴러를 만들어 보면 좋을 것 같다는 조언을 듣게 된다. 그리고 실제 있었던 사건을 바탕으로 <살인의 추억>을 구상한다.

문제는 <플란다스의 개>에서 보여 주었던 엉뚱한 상상력을 <살인의 추억>에서도 발휘했다는 것이다. 그는 멋있는 형사가 아닌 어딘가 허술하고 인간적인 형사를 주요 인물로 떠올렸다. 그러나 이 발상의 전환이 이번에는 유효타가 되었다. 물론 전작의 문제점이었던 개연성이 떨어지는 구성도 치열하게 고민하고 다듬어 깔끔하게 벼려 냈다. <살인의 추억>을 기점으로 대중에게 봉준호라는 이름을 알리게 된다.

봉준호 감독은 어린 시절 아버지의 서재에서 다양한 분야의 책을 읽었다. 공부는 잘했지만 눈에 띄는 학생이 아니었다. 어려서부터 영화감독을 꿈꿨지만 영화와 관련된 학과로 진학하지는 않았다. 대학생 때는 집회 현장에서 학생운동을 하는 것이 일과였다. 그러다 국방의 의무를 수행한 뒤 한 신문사 문화센터의 영화 관련 수업을 들으며 영화 공부를 시작한다. 이후 한국영화아카데미에 입학, 졸업하며 본격적으로 영화계에 발을 들이고 장편 데뷔 전까지 충무로에서 경력을 쌓아 나갔다.

봉준호와 함께 일한 스태프들은 봉준호 감독을 '봉테일'이라는 별명으로 부른다. '봉준호의 디테일'이라는 뜻으로 영화를 만들어 나갈 때 사소한 소품부터 빛의 각도나 장면의 배치까지 세세하게 신경 쓰기 때문이다. 많은 영화감독이 한 장면에 대해 여러 각도에서 촬영하고 편집 단계에서 좋은 장면을 골라내는 데 비해 그는 계획 단계에서 어마어마한 양의 콘티를 만들며 치밀하게 장면을 구성하고 촬영한다.

봉준호의 영화에서는 계층의 문제와 같은 사회문제가 자주 다뤄지곤 한다. 그런 점은 대중의 공감을 이끌어 내는 중요한 역할을 한다. 많은 사람이 알고 있는 또는 겪고 있는 문제점을 이야기하고 지극히 현실적이고 씁쓸한 결말을 통해 다시 지금, 여기의 삶을 돌아보게 한다.

봉준호의 영화에는 중요한 순간 어처구니없는 실수로 일을 그르치는 장면이 나오곤 하는데, 이런 장면은 헛웃음과 함께 묘한 기분을 느끼게 한다. 봉준호의 특기인 셈인데 예를 들면 영화 <괴물>에서 남일(박해일 분)이 화염병을 던지려다 놓쳐서 깨뜨려 버리는 장면이 그것이다. 이 장면을 보고 중요한 순간에 그런 실수를 하는 사람이 어디 있냐는 식의 이야기를 들은 적이 있다고 한다. 그러나 그는 "있더라고요. 거기서 실수하는 사람" 하고 답했다. 그 장면은 학생운동을 하던 시절 자신이 화염병을 던지려다 물웅덩이에 넘어져 놓친 경험을 살린 것이라고 한다.

봉준호 감독은 영화인으로서 엄청난 업적을 이루었지만 지금도 시나리오 작업은 어렵다고 말한다. 그만두고 싶을 때도 많지만 그럼에도 이 일을 하고 있는 이유는 '좋아하기 때문'이라고 한다. 영화감독의 길은 힘들고 어렵다. 이 일을 꿈꾸며 이 책을 읽고 있는 사람이 있다면 그 역시 '좋아하기 때문'일 것이다.

롤 모델 찾기 **만화가 윤태호**

윤태호는 1969년 광주광역시에서 태어났으며 대표작으로 <이끼>, <내부자들>, <미생> 등이 있다. 윤태호 만화가는 자극적인 내용보다는 지극히 현실적인 인물과 사건을 통해 이야기를 전개해 나가며 우리 삶을 돌아보게 한다. 특히 <미생>은 그 인기에 힘입어 드라마로 제작되면서 대중에게 더 잘 알려졌으며, 직장인의 삶과 그 안의 감정들을 치밀하게 그려내 많은 사람의 공감을 이끌어 냈다. 2010년, 2012년 대한민국 콘텐츠 대상 만화 부문 대통령상을 포함해 많은 상을 수상했으며 2017년 1월부터 2020년 1월까지 한국만화가협회 회장을 지냈다.

윤태호는 원래 미대 입시를 꿈꿨다. 그러나 고등학교 3학년 때 집안 형편이 어려워지면서 그 꿈을 이루기 어렵게 되자 만화가가 되